사랑의 십자가

김정은 목사

명동출판사

추천의 글

　김정은 목사님의 사랑의 십자가는 고난 그 자체를 믿음으로 승화시킨 아름다운 글입니다.
　한국에서의 생활에 이어 미국 이민생활을 진솔하게 그리고 있으며 고난의 역경을 극복해 나가는 아름다운 신앙의 서사시 입니다.

　강권하신 하나님의 사랑 때문에 예수님을 알고 눈물의 기도생활의 과정을 믿음으로 극복하는 길이 야곱의 고백처럼 '험난한 세월을 보내었음을' 말해 주고 있습니다.

　우리는 사랑의 십자가를 대하면서 바울의 고백처럼 하나님의 사랑이 강권하시는 은혜의 여정이 쉽지 않았음을 보게 합니다.

사랑의 십자가를 통해 김목사님의 내면을 보게 하시고 성장과 성숙을 통해 사랑의 십자가가 완성되어가는 과정을 알게 됩니다.

'한 송이 국화꽃을 피우기 위해 소쩍새는 밤새 그렇게 울었나 보다'

사랑의 십자가에 감히 부족한 종이 추천서를 쓸 수 있는 은혜를 주신 하나님께 감사 드립니다.

세계 선교연대 대표
서울 명동교회 담임

최요한 목사

목차

추천의 글 **최요한** 목사

5공주의 막내딸 ································· 1

신발 주머니의 비극 ···················· 9

도둑 누명 ··································· 11

물벼락 ······································· 13

미국 이민 생활 ··························· 47

첫 번째 시련 ····························· 52

눈물의 생활 ······························· 56

하나님과의 만남 ························ 69

기도 생활 ····································· 92

회개의 시간들 ································ 113

사랑의 십자가 ································ 122

하나님께 영광 ································ 164

하나님과 소통의 관계 ························ 173

복있는 사람 (시편 1편 1~6절) ············· 176

에필로그 주님 사랑합니다 ··················· 195

5공주의 막내딸

어린 시절의 나의 생활은 그다지 순조로웠다고는 할 수 없었다. 그렇다고 생활고로 어려웠다는 것은 더욱더 아니었다. 적어도 교회에 나가기 전까지는 사랑받는 막내딸이었다. 내가 기억하는 어린 시절은 경제적인 어려움은 있었으나 대체로 사회적으로 경제적으로 어려운 시기였으므로 모두 어려움을 겪고 있었던 때였다. 그것은 한국동란이 끝난 지 얼마 되지 않아 전쟁의 상처로 사회적으로 혼란이 있었고 식량난으로 굶어 죽는 사람들이 많았고 또한 전염병으로 인하여 참으로 많은 사람이 죽었다. 전쟁으로 나라의 전 국토는 폐허가 되어 미국의 원조를 받아 간신히 하루하루 삶을 살아가고 있었기 때문에 하루 세 끼를 먹는 것은 호사로운 생활이었다. 거기에다 전염병까지 온 나라에 휩쓸어 거리엔 전염병으로 죽은 시체가 즐비하게 놓였다고 어머니는 그때의 어려움을 말씀하시고 눈물을 훔치곤 하셨다.

한국전쟁 당시의 나는 겨우 세 살 갓 지났을 무렵이어서 어머니로부터 전쟁 참상과 어렵고 굶주림으로 사회는 온통 혼란의 시기였다고 전해 들었다. 우리 가족은 그래도 한국전쟁으로 피난민 신세는 아니었으므로 그나마 덜 고통스러운 생활이었다는 것이다. 우리 가족은 부모님과 딸 다섯에 아들 셋인 팔 남매로 나는 형제 중 다섯 공주의 막내딸이었다. 요즈음은 핵가족이 대세지만 그 시절은 대부분 그렇게 대가족이었다. 가정마다 자녀들이 많아서인지 학교의 학급 수도 많았고 한 반에 학생 수도 많았다. 나는 친구들이 많았기 때문에 학교생활도 재미있었고 동네엔 아이들로 가득 차서 놀이기구라곤 없어도 땅바닥에 줄을 긋고 돌멩이 놀이를 하던가 아니면 고무줄놀이, 숨바꼭질, 오재미 놀이, 등등 시간 가는 줄 모르게 재미있게 놀았던 기억이 생생하다. 누구나 가난

했기 때문에 어머니는 그때의 아픔을 들려주시며 하늘이 주신 생명을 받고 태어난 아이라고 부모님은 나를 참으로 아끼고 사랑해 주셨다.

그런 연고로 매사에 불편하지 않도록 보살펴 주셨다. 그러나 난 항생제의 과용으로 재생불능성 빈혈로 고통을 받았고 다른 사람들과 어울리는 것이 어려워 늘 혼자였고 특별한 보살핌이 필요한 아이였다. 그나마 나의 친구는 나의 남동생이었다. 우린 잘 어울렸고 동생은 나의 일들을 보살펴 주는 착한 동생이었다. 그러한 나는 동네의 같은 또래 아이들과 어울려 놀지 못하고 친구들의 놀이를 열심히 옆에서 구경하는 구경꾼에 불과했다. 그러다 보니 나는 동생과 함께 딱지치기도 하고 구슬 따먹기도 하고 공놀이하는 것도 배워가며 놀았는데 그때마다 나는 한 번도 이겨 본 적이 없었다. 다만 나와 놀아주고 있는 것으로 만족해야 했다. 부모님은 건강하지 못한 나를 늘 염려하셨고 건강하게 하려고 몸에 좋다는 보약을 만들어

주셨는데 한의사였던 외사촌 오빠의 도움이 컸다. 그의 조언을 받아 어머니는 한약재를 구입하여 약을 달여주셨고 한약을 먹기 힘들어하는 나를 위해서 그때마다 사탕을 준비해 주셨고 다 마시고 나면 한 개씩 입에 넣어 주셨다. 나는 나이 17세까지 이 한약을 계속 먹어야 했는데 건강이 속히 나아지지 않았지만, 학교에는 결석하지 않고 다녔다. 성적은 좋은 편은 아니었어도 부모님은 공부보다 건강 회복을 더 염려하셨다. 대신 나의 형제들이 공부를 잘해주어 나에겐 공부에 대한 관심은 없었다.

질병으로 고통당하던 어린 시절의 연속이었던 나에게도 꿈이 많은 소녀로 자라가고 있었다. 어린 시절에 유독 꿈이 많았던 것은 잘난 형제들 속에 소외되는 어떤 열등의식과 비교 의식에서 이유를 찾을 수도 있지만 언젠가는 나의 건강이 회복되면 반드시 이루고 싶었던 꿈이었다. 첫째 딸인 언니는 책임감이 강하여 가족을 보살피는 대장이었고 둘째 언니는 영리하고 똑똑하여 일찍 학교를 졸업하고 직장생활을 하여 가족에게 경제적인 도움을 주었고 셋째 언니는 유난히 예뻐 인기를 끌고 집안 살림을 잘하였고 네째인 언니는 똑똑하고 글을 잘 써서 글짓기 대회에 나가면 전국에서 장원을 늘 획득했던 재원이라 공붓벌레 별명을 지니고 있었다. 이런 형제 사이에서 나는 늘 아프기만 하여 공부도 못하고 부모님의 근심거리가 되었지만 기죽지 않고 할 수 있다는 신념으로 꿈을 키우고 있었다. 무엇이 되고 싶다는 꿈이기보다는 할 수 있다는 신념으로 꿈을 키워가고 있었다. 어머니는 매일 한약을 달여 먹이시면서 "너는 신념이 강하니 무어든 해낼 거야"라고 늘 위로해 주셨다. 어머니의 격려도 힘이 되었고 가족 모두 나에게 안쓰러운 마음과 불쌍히 여기는 마음으로 위로해 주었다.

어느 날 어머니의 먼 친척되는 아주머니 한 분이 방문하여 어머니에게 하시는 말씀을 엿듣게 되었다. "여보게, 박 서방댁 어째 저런 못난 딸을 살리려고 애

썼는가? 다른 딸들이 시집갈 때 좋은 집으로 시집 가겠는가?"라고 어머니에게 핀찬하듯 이야기를 전하였다. 어머니는 "열 손가락 깨물면 안 아픈 손가락이 있는가? 다 자기들 복 지은 대로 살 걸세." 그 후로 그 아주머니는 우리 집에 다시는 방문한 적이 없었다. 그때는 전염병이 유행했다. 6개월의 어린 나이에 디프테리아로 죽을 수밖에 없는 나를 매시간 소금물로 입안을 소독시키며 미음을 끓여 먹이고 나의 생명을 연장시킨 건 어머니였고 아주머니는 그 정성을 알고 있었다. 나는 입안이 썩어 입술이 찢어지고 곰팡이균으로 목 천장까지 썩어가고 고열로 눈까지 돌아가는 이 참담한 모습으로 지냈다. 아주머니는 그 모습에 사람으로서 보다 여자로서 구실을 제대로 할 수 있을지 의구심을 가지고 우리 집에 오셨고 그냥 죽게 내버려 두라고 조언한 것이고 어머니는 그렇게 대답을 하신 것이다. 어머니의 지극 정성으로 살아난 나의 모습은 그 후유증의 여파로 고생해 오고 있는 나를 우리 가족은 못난이라고 한 번도 부르지 않았다. 아버지의 사랑으로 누구든 그렇게 부르면 어김없이 꾸중을 들었고 아버지는 그런 나에게 제일 좋은 것을 나에게 주시곤 하셨다.

내 나이 일곱 살 때는 나는 뒤뜰에서 혼자 놀곤 했는데 담벼락에다 숫자를 쓰고 놀았다. 아마 선생님이 되고 싶은 꿈을 꾸고 있었는지 모른다. 그래서 성격이 조용하고 침착하였고 사람들과 사귀는 것을 좋아하지 않았다. 열등의식이 나를 지배하고 있기도 했다. 나에게 첫 번째 시련이 닥쳐왔다. 나의 첫 시련은 국민학교 4학년 때 일이었다. 동생과 함께 학교에 갔다 오는 길이었다. 그때 한창 도로를 포장하고 배수구를 확장하던 때였다. 도로는 온통 파헤쳤고 어지러웠는데 하교하는 나의 뒤에서 군용 트럭이 나를 보지 못하고 치게 되었고 나는 큰 트럭의 바퀴 아래 깔리게 되었다. 사람들이 달려와 어린아이가 트럭에 깔렸다고 소리치자 운전사는 놀라서 내가 바퀴에 깔린 것을 보았고 오른쪽 다리가 바퀴 아래 파묻힌 것을 발견하고서 다시 운전하여 내 다리를 빼주었다. 다행히도 나의 다리는 다치지 않고 빠져나올 수 있었다. 그 자리는 하수도를 만들기 위해 웅덩이를 파놓은 곳이었고 내가 넘어지면서 나의 다리가 그 속으로 파묻혀 그 위로 바퀴가 놓여 살 수 있었다. 운전사가 트럭을 뒤로 잘 물리면서 웅덩이에서 나의 다리를 빼낼 수가 있었다. 그때 동생이 울면서 집으로 뛰어가 어머니에게 알렸고 어머니는 숨 가쁘게 달려왔다. 이미 나는 트럭 운전사 아저씨가 집에까지 데려다주었으므로 집에 와 있어서 어머니는 한참 뒤에 나를 보시고 안도의 숨을 쉬셨다. 교통사고로 한동안 고통을 겪어야 했다. 일어나 걸을 수가 없었다. 이러한 가운데서도 삶과 죽음의 쳇바퀴 속에서 하나님은 나를 보살펴 주시고 계셨다.

신발 주머니의 비극

　내가 7살 때의 일이었다. 우리 집도 경제적으로 어려움을 겪었지만 유독 나는 전체 가족 모두에게서 보살핌을 받아 어려움을 모르고 자랐다. 이를테면 너무 순진한 것인지 너무 모자라는 것인지 둘 중의 하나일 것이다. 우리 집은 어머니가 신발주머니 같은 것을 벽에 걸어두고 그 속에서 돈을 꺼내 쓰시곤 하셨는데 나는 그것이 얼마나 중요한 것인지 알지 못했다. 다만 늘 어머니가 필요하시면 거기서 돈을 꺼내서 물건 값을 지불하시곤 하셔서 돈이라는 개념이 전혀 없었던 나는 한번 꺼내 보고 싶었다. 어느 날 나는 동생에게 그것을 꺼내 보자고 말했고 동생도 호기심으로 그러자고 했다. 우린 신발주머니에서 돈을 꺼냈는데 빨간 색깔의 오 원짜리 지폐였다. 동생과 함께 동네 구멍가게에 가서 사탕을 사 먹고 거스름돈으로 삼 원을 받아 신발주머니에 다시 집어넣었다. 그날 저녁 어머니는 동생과 나를 불러 문초하셨다. 누가 돈을 훔쳐 갔냐고 회초리를 드셨고 무서운 눈으로 노려보시면서 닦달하셨다. 나는 순순히 자백하였고 엄마가 꺼내 써서 괜찮은 줄 알았다고 쓰고 남은 돈을 도로 넣어 두었다고 실토하였다. 어머니는 회초리로 나의 종아리를 다섯 대를 때리면서 누구든 자기의 것이 아닌 것을 허락 없이 사용하는 것은 도둑질이라고 말씀하셨고 오늘 네가 자백하니 용서한다마는 도둑질은 가장 나쁜 짓이라고 호통을 치셨다. 태어나서 지금까지 어머니의 무서운 얼굴은 그때 처음 보았다. 도둑질이 그렇게 나쁜 것인 줄 알고 나서 그 후부터 나는 다른 사람의 물건을 만지기도 싫어했다.

도둑 누명

 이 일이 있고 난 뒤에 또 도둑질의 누명이 나에게 씌워졌고 그것은 아버지 호주머니의 돈 오 원이 없어졌다는 것이었다. 어머니는 나와 동생을 불러 추궁했는데 우리는 정말 모르는 일이었다. 바른말 하라는 어머니의 추궁에 절대로 가져가지 않았다고 말하는데도 거짓말하는 것은 더 나쁘다고 회초리로 종아리를 때리시면서 바른말 할 때까지 때린다고 하시면서 때렸다. 동생은 방구석에 앉아 두려워 떨고 있었고 어머니는 나만 바른말 하라고 때리시는 데 나는 끝까지 가져가지 않았다고 매를 맞으면서도 굽히지 않자 어머니는 거짓말하고 도둑질하는 자식은 필요 없다면서 더 무섭게 때리기 시작했다. 나의 몸은 핏자국이 서고 지친 상태로 어머니 품에 쓰러졌다. 어머니는 지독한 년이라며 나를 자리에 누이시며 밖으로 나가셨다. 온몸에 상처 자국으로 피멍이 들었고 나는 정신을 잃고 쓰러질 때까지 가져가지 않은 명백한 사실을 밝히고 싶었다.

저녁이 되어 식구들이 모였고 어머니는 이 사실을 말씀하셨고 그때 넷째 언니가 노트를 사기 위해 자기가 가져갔다고 고백하자 피멍이 들어 쓰러져 자는 나를 보더니 언니는 직감으로 느끼고 어머니에게 항변하기 시작했다. 어머니에게 "아무리 그렇더라도 이렇게 죽기까지 때리느냐. 아이보다 엄마가 더 지독하다고..." 그렇게 소리쳤다. 밤이 깊어지니 나의 온몸이 불덩어리로 변했고 고통 속에 신음하고 있었다. 며칠을 앓고 일어나자 어머니는 나를 더 대견하게 생각하시고 나의 말이면 무엇이나 믿어주셨다. 신뢰의 회복에 이런 댓가를 치러야 했고 신뢰를 잃어버리는 것은 잠깐이라는 것을 깨달았다. 어린 시절부터 나에게 혹독하게 하나님은 훈련을 시키셨다.

물벼락

나는 아홉 살 되던 해 크리스마스를 맞아 이웃에 사는 친구를 따라 교회에 갔다. 교회에 가면 크리스마스 선물을 준다고 해서 갔다. 어린이를 위한 프로그램을 가졌는데 거기에는 연극도 있었고 무용도 있었으며 노래도 함께 불렀는데 모두 재미있었다. 무엇보다 내 나이 또래의 어린이가 천사복을 입고 천사 춤을 추는 모습이 인상 깊었다. 내가 집으로 돌아왔어도 그 모습이 계속 떠올랐고 어느 순간 나도 그 아이의 춤을 흉내 내고 있었다. 나도 교회에 가서 천사의 춤을 추고 싶었던 것이었다. 그 후로 일요일이 기다려졌고 매 주일 교회에 출석하였다. 나는 마리아반에 참석하여 예수님에 대하여 배웠다. 주일 학교에서는 매 주일 출석하는 아이들에게 선물을 주기도 했다. 그 선물을 받으려고 빠지지 않고 교회에 출석하였고 일 년 지나고 또 자라가면서 나는 교회에서 성경 말씀을 배우는 것에 마음이 즐거웠고 점점 더 깊이 생각하고 말씀에 대하여 묵상하게 되었다. 교회에 가서 열심히 배우고 친구와 함께 성경 말씀에 대하여 서로 이야기하며 시간 가는 줄 모르게 즐겁게 지냈다. 교회 생활은 나를 점점 더 예수님에 대하여 깊이 생각하게 해 주었고 나는 온 마음을 다해 말씀 공부를 하게 되었다.

초등학교 시절에는 교회를 다니는 것만으로 즐거움이었고 아무런 의미를 갖지 않았다. 중학교 들어가서는 교회에서 마태복음의 쪽 복음을 받기 시작했다. 그것을 읽고 나서는 예수님에 대하여 자세히 알게 되었고 그때부터 기도하게 되었다. 주일학교 선생이신 전도사님이 기도하는 방법을 가르쳐 주었고 나는 아무 의심 없이 가르침 대로 순진하게 기도하게 되었다. 우리 집안은 대대로 불교를 믿는 집안이었는데 특히 어머니는 불교에 열성 신자였다. 아침마다 냉수를 떠다 놓고 염불하며 기도하는 모습을 보고 자랐다. 새벽마다 어머니의 염불 소리에 잠을 깨기가 일쑤였다. 이러한 종교심이 강한 모습을 매일 보고 자랐기 때문에 자연스레 기도하게 되었다. 아버지 집안에는 작은아버지가 절에 주지 승으로 계셨고 위로 언니들은 어머니를 따라 불심이 강했다. 나는 어리고 몸이 건강하지 않은 이유로 어머니는 나에게 종교에 관해 관심을 두지 않았고 교회에 다니는 나에겐 관심이 없었다. 순조롭게 교회를 다녔고 마태복음을 읽고 또 읽는 나는 예수님이 누구신지 무언지도 모르는 뜻 없는 사랑을 하게 되었다. 일요일이면 어머니는 일주일 동안 매일 조금씩 쌀을 모은 것을 공양미로 바치기 위하여 절에 가셨다. 어머니가 절에 가시기 위해 집을 나서고 난 다음 나는 교회에 나갔다.

나는 고등학교 시절에는 교회에서 선물로 받은 신구약 성경 전체를 처음 읽게 되었고 하나님과 예수님께서 이 땅에 오셔서 십자가에 돌아가신 사랑을 알게 된 후로는 나는 예수님에 대하여 깊은 사랑에 빠졌다. 그분이 하나님이 아닌 사람으로의 성인이라고 세상 사람들이 표현하는 방식으로 성자라 할지라도 나는 예수님을 사랑하게 되었다. 그러나 예수님은 하나님이셨다. 그렇지 않으면 어떻게 기적을 나타내시며 병든 자와 귀신 들린 자를 쫓아 내시고 오병이어의 기적을 행하실 수 있는가? 예수님의 공생애 동안 하셨던 일과 우리 인간의 죄를 사하시기 위하여 모진 고통을 당하시고 우리 인간의 죄 사함을 위하여 십자가를 지셨으며 돌아가신 지 사흘 만에 부활하신 예수님께서 우리 믿는 자를 위하여 다시 오시마 약속하신 것은 어느 경전에도 없는 사실이고 이 구원의 말씀은 어떤 종교에서도 나타내지 못하는 말씀으로 신구약 성경에서 인간을 위한 하나님의 역사를 이스라엘 백성을 통하여 증명하고 있는 것을 그때 나는 알게 되었고 놀라움을 금치 못했다.

성경만으로 신앙의 대상이 되고 믿음의 생활을 하

며 더욱이 예수님을 사랑한다는 것에 대해 어떻게 전적으로 믿을 수 있느냐고 질문하는 사람도 많이 있었다. 그럴 수밖에 없는 것이 어릴 적부터 새벽마다 불공을 드리는 어머니의 강한 종교심을 보고 자란 나는 자연스레 신이라는 존재가 있다는 것을 알고 있었기 때문에 성경을 읽고 난 후에는 예수님이 하나님이신 것을 깨닫게 되는데 어렵지 않았다. 신이 없다면 이른 새벽부터 정한 수를 떠 놓고 정성을 다하여 불공을 드릴 수는 없다는 것을 보았기 때문이다. 예수님의 탄생부터 공생애 그리고 십자가의 죽음과 부활은 이 이상 또 다른 진리가 있을 수 없다는 사실을 믿게 된 것이다. 이것은 감격이며 감사한 것은 어찌하여 이 복음이 나에게 와서 내가 믿게 되었다는 것이 바로 감격이었다. 그러니 내가 예수님을 사랑할 수밖에 없는 확실한 믿음으로 복음이 나를 완전히 감복하게 하고 있었다. 이를테면 예수님에게 푹 빠져 있었다.

그러던 어느 날 나의 책상 위에 성경책이 놓여 있

는 것을 보신 어머니는 즉각 성경책을 찢어 문밖으로 던져 버렸다. 그러나 나에겐 아무 말씀이 없었다. 나의 건강이 아직도 완전하지 못하므로 강하게 반대하는 어떤 말씀도 없었다. 그러나 나는 성경책이 늘 내 곁에 있었고 내 손에서 떠나지 않았다. 어머니는 어머니대로 자신의 신앙을 따라 일요일마다 공양미를 챙겨서 절에 가셨고 여전히 나는 나대로 주일마다 성경을 들고 교회로 갔다. 성경을 탐독한 창세기 첫 장 하나님이 천지를 창조하신 모습을 상상하면서 내 마음은 정말 정말 멋진 영화 같은 장면을 그리게 되었다. 멋쟁이 하나님이라 속으로 감탄하면서 감동하고 또 감동하고 있었고 한 구절도 빠지지 않고 읽을 때마다 내가 이러한 어마어마한 하나님을 알게 된 것과 그분의 하시는 일들에 놀라워하고 있었다. 사람들은 성경책의 말씀을 다 믿을 수 있느냐고 반문하면서 의아해하기도 하여 자꾸 질문을 하곤 했는데 주저 없이 나는 성경은 사실로 믿어서 어떤 의심도 없다고 대답해 주었다. 그렇지 아니한가? 나의 어머니를 보라! 저 우상 앞에 가서 절하고 그 우상에게 불공을 드리고 새벽마다 정한 수 떠 놓고 기도하는 모습은 어떻게 생각하느냐고 늘 나 자신의 마음에 되묻는다. 신이라고 믿기 때문에 아낌없이 헌신적으로 자기를 드리고 복을 비는 것이다.

어머니의 열성은 누구도 따를 수 없을 만큼 강했다. 오히려 나는 어머니와 비교하면 너무나 약한 것이었다. 교회에 가는 열성과 성경을 탐독하는 정도일 뿐 아무것도 아니었다. 그런 어머니의 우상숭배를 보고 나는 신이 존재한다는 것을 알았고 다만 내가 만난 신은 하나님이시며 그분이 우주 만물의 창조주이신 위대한 하나님이셨음을 깨달은 것이 다른 점이었다. 나는 언젠가는 어머니에게 이 참신이신 하나님을 전하고자 생각하고 있었다. 어느 날 날씨가 갑자기 추운 한 겨울날이었는데 여느 때처럼 어머니는 아침 일찍 절로 가셨고 나는 깨끗하게 교복을 갈아입고 그날도 교회에 갔다. 예배를 마치고 집으로 돌아와 대문을 열고 들어서는데 아뿔싸! 어머니가 부엌 앞에 있는 수돗물을 양동이에 받고 계신 모습을 발견했다. 가슴이 조리면서 방 안으로 들어가려고 하는 찰나에 내게 양동이에 가득 찬 얼음물이 나의 온몸으로 퍼부어지고 있었다. 그날은 몹시 추운 영하의 날씨로 물은 나의 온몸을 순식간에 얼게 했고 나는 그 자리에서 쓰러지고 말았다. 내가 정신을 차리고 눈을 떴을 때는 방안에 눕혀져 있었고 어머니는 나의 곁에서 울고 계셨다. 어머니가 나에게 말씀하시기를 "한집에 두 종교가 있어서는 안 되니 네가 시집을 가거든 그땐 너의 종교를 가지거라."라고 하셨다. 나는 이미 나의 하나님에 대하여 깊은 신뢰를 하고 있었기에 헛된 우상 숭배하는 어머니를 설득할 기회를 찾고자 하였다. 여전히 변함없이 매 주일 교회에 갔지만 더 이상 종교 문제로 부딪치지는 않았다.

　매일 새벽 불경을 외우며 기도하는 어머니의 기도 소리를 들으며 잠에서 깨어나곤 했다. 어느 날 "엄마가 외우는 불경이 무슨 뜻인지 알고 외우는 거야?"라고 물어보았다. 대답이 의외였다. 모른다고 하시는 것이다. "무슨 뜻인지 모르고 그 많은 불경을 다 외운다는 말이지. 그러면 무슨 의미가 있어 뜻을 알아야 기도하는 보람이 있을 거 아니냐고" 하고 다시 물으니 어머니는 무조건 좋은 뜻인 줄 알고 외운다고 하셨다. 복을 비는 것이지 그 뜻을 몰라도 된다고 하셨다. 그때부터는 어머니가 내게 어머니 불교가 생긴 것들 석가모니의 탄생과 보리수나무 밑에서 깨달음으로 부처가 되었다는 것의 설교를 듣고 있으면 정말 황당하기 짝이 없었다. 어떻게 그것을 믿기 위하여 새벽부터 일어나 정한 수 떠다 놓고 불경을 외우며 기도를 한단 말인가? 나는 어머니에게 예수님에 대하여 설명하기 시작했는데 어머니는 버럭 화를 내시며 교회는 연애당이고 예수는 귀신이라며 펄펄 뛰시면서 어머니는 나를 때리려 하셨고 간신히 피했다. 어떤 말도 어머니에겐 소용이 없었다. 그 후로 어머니와 나는 종교에 대해서만은 침묵하기로 하였는데 내가 조금 더 어머니를 설득하는 데 노력하였더라면 하는 후회를 지금도 하고 있다. 복음은 영혼의 문제이기에 우상숭배 하다가 지옥 가는 어머니를 바라만 보았다는 아픔은 지금도 마음을 찢어지게 하고 있다.

이일 후에 어머니는 절의 주지승을 초대하셨는데 아마 나를 설득하여 불교에 대해 믿게 하시려고 그러셨던 것 같았다. 내가 학교에서 집으로 돌아와 보니 마루에는 어머니와 함께 계셨다. 방으로 들어가려고 하자 어머니는 나를 부르셨고 어머니 앞에 갔을 때 어머니는 주지승에게 물었다. "저 애가 예수를 믿는데 아주 미쳤어요. 어떻게 하면 좋지요?" 그때 주지승은 나를 물끄러미 바라보시더니 "저 애는 예수를 믿게 두세요. 저 애는 예수를 믿어야 해요. 저 애는 그냥 두세요." 그 후 어머니는 더 이상 나에게 간섭하지 않으셨다. 드디어 나는 자유롭게 교회를 다니고 성경을 읽게 되었다. 하나님은 어머니가 믿는 종교의 주지승의 입술을 통하여 나에 대해 명백하게 보호해 주셨다. 내가 특별히 예수님을 믿는 강력한 믿음이 된 것은 예수님께서 이 땅에 오신 것은 인간의 죄 사함을 위한 십자가의 엄청난 고통을 받으셔서 우리 인간을 구속하신 은혜와 그 깊은 사랑이기 때문이며 뿐만 아니라 돌아가신 지 사흘 만에 부활하셔서 하늘에 오르시어 하나님 우편에 계신다는 것 우리에게 성령을 보내 주시어 진리를 깨닫게 하시며 또 마지막 날에 다시 오시겠다는 말씀으로 약속하심은 그 어떤 경전에서 찾아볼 수 없는 확고한 약속으로 내게 믿음이 되었고 예수님을 기다리며 사랑하는 마음이 깊어지게 되었다.

이 신앙은 변할 수 없는 나의 고백이다. 어렸을 때는 그냥 친구가 좋아서 교회에 갔었고 마태복음을 읽은 후에는 예수님에 대한 나의 사랑이 깊어지기 시작하였다. 우리 넷째 언니는 특별히 책을 좋아해서 많은 문학 서적과 종교 서적도 더러 가지고 있었다. 어린 나이에 나는 그 영향으로 책을 많이 읽게 되고 특히 성인 전에 깊은 관심이 있던 터라 마태복음에서 예수님을 잠시 만났지만 나는 예수님께 단번에 매료되었다. 당시 마태복음의 말씀들이 나를 사로잡았던 말씀이었다. 어머니가 절에 다니고 우상에 아주 전념하여 나에게 전도하려 불교의 석가모니에 대하여 부처에 대하여 자주 강론하셨으나 나는 아주 허황된 감언이설로 꾸며낸 말로 사람들을 미혹하는 것이라는 것을 알 수가 있었다. 그것은 말씀의 실체가 없을 뿐 아니라 모두가 가설이며 인간이 번민과 고통을 해결해 주는 것이 아니라 오히려 번뇌케 하는 일종의 철학에 불과한 가설이라는 것을 나는 성경을 읽은 후부터 고백할 수 있었다. 나는 어머니를 예수님께로 전도하려 했지만 그럴 때마다 화를 내시기가 일쑤여서 어머니의 완강한 거부로 전도하지 못했다.

　　나는 몇 가지 기도 제목으로 기도하기 시작하였다. 예수를 잘 믿는 총각을 제 남편으로 주시되, 그는 장로와 권사의 직분을 가진 믿음의 가정의 맏아들을 주시고, 결혼할 때 어머니가 이를 승낙하여 쾌히 결혼식에 참석하게 하시고, 결혼은 교회에서 하도록 온 가족이 허락하게 하시고, 미국으로 가서 예수님을 더 잘 믿게 해 주십사고 기도했었다. 나는 미국 가기 위하여 간호학교에 다녔다. 준 간호사 자격증을 따면 미국 취업이 수월했고 병원에서 초청도 왔기에 어머니 몰래 미국 취업을 준비하고 있었던 것인데 언니들의 고자질로 어머니가 알게 되셨고 어머니는 딸 중에도 나를 제일 사랑했기에 병이 나시고 말았다. 어머니는 내가 혼자 미국 가는 것을 막기 위해 서둘러 결혼시키려고 백방으로 신랑감을 찾았다. 그 신랑감은 멀리 있지 않았다. 바로 우리 세째 언니 집 가까이 자영업 하는 총각으로 주일이면 말끔하게 차려입고 성경책을 들고 교회에 가는 모습을 보아 온 언니의 눈에 띄었다. 언니의 중매로 속전속결로 소개한 지 두 달 만에 결혼 날짜가 잡혔고 나의 의견은 물어보지 않은 채 우리 가족과 총각 집 가족이 서로 만나 상의하여 결혼 날짜를 정했다. 어머니는 혼자 미국 가면 위험하다고 느끼셔서 예수를 믿는 총각 그리고 교회에 잘 다니는 총각이라는 것도 아시고 믿지 않는 사람보다 믿는 사람이 더 좋다고 말씀하시고 쾌히 승낙하셨다. 결혼하고 나서 나는 깜짝 놀랐다. 시아버님이 장로 장립이 되고 시어머님이 권사 취임을 동시에 하시게 되었고 우리의 결혼식도 우리가 다니던 교회에서 목사님 주례로 결혼식을 올리게 되었다. 예수님은 이처럼 나의 기도를 정확하게 하나도 놓치지 않으시고 응답하셨다.

결혼하고 첫해에 아들을 낳았다. 시부모님의 기쁨이 컸었다. 남편은 6남매의 장남이고 위로 누님 계시고 그 아래로는 동생들이었다. 모두 부모님을 따라 신앙심도 깊었고 누이 셋 모두 교회에서 피아노 반주자로 봉사하고 시어머님은 주일학교 선생이셨다. 우리는 맏아들이지만 남편은 서울에서 가내공장을 운영하고 있었기 때문에 부모님을 모실 수 없었다. 가내공업을 하는 남편은 밤낮없이 일했고 주일이 되면 우리는 교회로 가서 예배를 드렸다. 그러나 주일만 교회에 참석했고 그다음은 교회와 무관했다. 수요예배 같은 것은 아예 생각하지 않는 남편이었다. 신혼이어야 하는 나와는 전혀 관심이 없었고 다만 그 집의 식모로 아니 밥순이로만 생각하는 것 같았다. 가내공장을 하는 남편은 일이 끝나면 오히려 공장에서 일하는 아이들과 영화도 가곤 하는데 나는 아이들이 시간에 맞추어 식사하도록 음식을 준비해 주어야 하는데 늘 바빴다. 결혼하고 남편과 한 번도 함께 외식하거나 영화 구경을 가거나 함께 하는 시간을 전혀 가질 수가 없었다. 왜냐하면 나는 아이들 아침, 점심, 저녁을 시간 맞추어 준비해 주어야 하는 밥순이였으니까...

결혼하고 신혼의 생활은 신혼여행을 간 삼일뿐이었다. 아침 일찍 일어나 아침을 짓고 설거지하고 돌아서면 점심이고 설거지하고 돌아서면 저녁상을 거나하게 차려 주어야 하는데 시간이 조금이라도 늦어지면 공장에서 달려와서 식사할 수 있는지 늘 확인하고 가곤 하는 데 그럴 때면 남편은 신경질이 심했다. 여태 무엇하고 아직 준비가 덜 되었느냐고 화를 내곤 했다. 이것이 나에게 화내는 유일한 동기가 되었는데 그의 신경질적인 성격을 맞추기 위하여 나름대로 열심히 했는데도 결혼 전 나는 음식을 해본 적이 없어 더욱 힘들었다. 감사하게도 나의 음식 맛을 탓하지 않고 모두 식성 좋게 잘 먹어 주었다. 언제나 배고픈 아이들이라 음식을 많이 먹기도 하지만 배부름의 충족이 무엇보다 중요한 아이들이라 나는 늘 음식 준비에 바빴으나 남편은 이런 나를 이해하기는커녕 짜증이 심했고 나에게 점점 신경질이 심해 갔다. 아침에 일어나자마자 그는 나에게 "밥"하고 소리 지르며 방문을 박차고 나간다. 매일 아침 눈 뜨는 순간부터 밤에 잠들기 전까지 나에게 이유 없이 소리 지르고 성질을 부려서 참는 데도 한계가 왔다. 저녁을 끝내는 것을 보고 나는 어머니가 염려하실까 걱정이 되어 친정에 가지 못하고 아무것도 가지지 않은 채 언니 집으로 걸어갔다. 돈 한 푼 없이 집을 나온 나는 밤길을 혼자 터벅터벅 걸어갔다. 너무 서글퍼서 내가 왜 이런 수모를 남편에게 당해야 하는지 하나님마저도 원망스러웠다. 그렇게 예수님 잘 믿고 가족들이 믿음이 좋은 남편을 만나 기뻤는데 그는 예수님을 믿는 것은 형식일 뿐이고 언제나 자기중심으로 모든 일을 처리해 갔다. 도무지 대화할 수 없는 사람이었다. 무엇이든 명령하고 소리 지르고 잘 되어 있지 않으면 신경질을 부리고 종일 화만 내는 남편의 얼굴을 봐야만 했다. 나는 이제 그만 살고 싶다는 생각이 들어서 어머니에겐 가지 못하고 언니 집으로 발길을 옮겼다. 두 시간 정도를 걸어서 언니 집에 도착했다. 깊은 밤중에 언니 집에 도착한 나를 보고 모두 깜짝 놀라 어쩔 줄을 몰라 했다. 나는 아무 말 않고 언니 집 작은 방에 들어가서 누워 버렸다. 눈물도 나지 않았다. 모든 사정을 안 언니는 며칠 쉬고 가라며 그런 사람인 줄 몰랐다며 나를 위로해 주었다. 사흘 지나자 남편은 나를 찾으러 왔다. 내가 다시 돌아가지 않으려고 하자 남편은 내 손을 잡고 울며 잘못했다고 사과하기에 남편과 함께 집으로 돌아왔다. 집으로 돌아오자마자 그는 "네가 한 번 더 나가면 죽여 버리겠다"고 오히려 나에게 협박했다. 그 당시 나는 정신적 육체적 고통을 혼자서 이겨 내려고 애 썼으나 그럴수록 남편의 횡포는 더 심해졌고 견딜 수 없는 지경에 이르러 하나님께 기도하기 시작했다.

나는 다시 믿음의 생활로 돌아가야겠다고 생각했다. 남편에게 바로 앞에 교회가 있으니 수요예배를 거기서 드리자고 제안했다. 남편은 공장 아이들을 데리고 영화 구경을 가겠다고 나갔다. 나는 또 저녁을 차려놓고 남편과 아이들이 돌아오기를 기다렸다. 얼마 후 남편과 아이들은 돌아와 저녁을 먹었고 남편은 "우리 저녁 먹고 올 걸 그랬다"... 그 말을 듣는 순간 나는 피가 거꾸로 솟는 느낌이 들었다. 이 신혼인 아내를 밥순이로 만들고 저희만 영화 구경 갔으면 미안해하여야 사람이지 이게 무슨 말인지 한마디로 나는 이성을 잃고 그들이 먹던 밥상을 부엌으로 내동댕이 치고 이불을 뒤집어쓰고 자리에 누워 버렸다. 나는 절규했다. '더는 못 참아. 나는 아내이지 밥순이가 아니야. 예수님 믿는 신랑을 달라고 했지 이처럼 인간이 아닌 남자를 주셨는가?' 라고 하나님을 원망했다. 나는 이 자리에서 죽어야겠다고… 그리고 아무것도 먹지 않았다. 내가 친정으로 돌아가면 우리 어머니가 네가 그렇게 예수를 잘 믿는 가정으로 시집가서 잘 살 줄 알았더니 네 꼬락서니가 이거냐고 하실 것이 분명했다. 나는 내가 차라리 죽어서 예수님께 욕 돌리지 않겠다고 작정하고 자리에 누웠다. 물론 남편도 내 곁에 들어오지 않았고 아이들과 함께하고 저희끼리 식사를 해결하고 있었다.

20일 지나자 남편은 돌아와 자신이 잘못했다고 또 뉘우치고 내 손을 잡고 사과했다. "거짓말 말라"고 "당신은 예수를 믿는다며, 그건 형식이었다"고 질타하자 다시는 그러지 않겠다고 약속하였다. 나는 본의 아니게 20일 금식하게 되었다. 남편에게서 신앙생활이 시작 되었지만 나의 밥순이는 변하지 않았다. 하지만 한가지 남편이 달라진 것이 있었다. 남편은 하루 세 갑 반을 피우던 담배를 끊었고 좋아하던 술을 전혀 마시지 않았다. 다만 남편은 일하기를 좋아하는 일 중독자인 것은 변하지 않아 자기처럼 아내인 나도 그렇게 일하기를 원했던 것이다. 밥순이로 온종일 밥을 하다 보면 나는 많이 지치기도 했다. 대식가들의 음식을 시간 맞추어 준비한다는 것이 정말 기적 같은 일인데 내가 불화 같은 남편 뜻을 따라 잘 해내고 있는 것은 하나님의 은혜였다. 다만 남편도 아이들도 불평 없이 맛있게 먹어 주었는데 그 한 가지만으로 버틸 수 있는 감사한 생각이 들었다.

나는 첫아이를 낳고 아이가 6개월 때에 이사하게 되었는데 그곳은 공장과 거실이 같이 있어서 그곳에 이사하고 나서 아이가 자주 아프기 시작했다. 감기하고 나면 설사하고 연달아 매일 병원에 가야 했고 차도가 없었다. 의사의 말로는 자가 중독증이라는 병이었다. 이것은 아이 몸에 면역체가 없어서 생기는 병이라는 것이다. 의사는 처방으로 영양제 물약을 주며 이것 외에 아무것도 먹이지 말라고 신신당부했다. 아이 상태로는 입원시켜야 하지만 엄마를 믿고 처방하는 거란다. 그날로 나는 아이에게 이 영양제만 먹였다. 물론 아이는 배가 고파 울었지만, 의사의 처방대로 영양제만 먹여야 했다. 의사는 이 약 외에 다른 것을 먹이면 간에 손상이 가서 피를 토하고 죽는다고 경고했다. 그렇게 무서운 병을 앓고 있는 아이에게 영양제 외에 아무것도 줄 수 없는 나의 마음도 아이만큼 아프고 괴로웠다. 사흘이 지나자 남편은 아이를 굶겨 죽이려고 한다며 무슨 의사 말만 듣느냐고 아이에게 자기가 먹던 오이를 먹이는 것이 아닌가? 아이는 피를 토하기 시작했다. 어른도 사흘 굶으면 그런 채소를 먹으면 안 되는데 이제 6개월 된 아이에게 그것도 지금 치료 중인 아이에게 그것을 먹인다는 것은 아이를 죽이려고 하는 것과 같은 것이었다. 아이의 상태가 악화하였다. 나는 즉시 의사에게 갔고 의사는 아이를 죽이려 하느냐고 화를 내셨다. 다른 음식은 절대로 안 된다고 다시 당부하고 당부했다. 의사는 열흘이 지나면 아이가 건강이 회복되면 좋아질 것이라고 격려해 주었다. 열흘이 지나고 조금씩 미음을 끓여 먹이고 모유도 주기 시작하였다. 그러나 아이의 증세는 호전되지 않았다. 그것을 본 의사는 우리 집 환경을 물었다. 나는 남편이 하는 공장이 집 옆에 있고 멕기 공장이라서 공장에서 나오는 약품 냄새가 아주 고약하고 나조차 역겹다고 말했더니 아이를 살리려면 약품 냄새가 없는 다른 곳으로 보내야 한다고 충고했다. 그날로 나는 대구에 계시는 시어머니께 연락하여 아이를 그곳으로 보내기로 하고 시어머니께서 일 년을 길러 주셨다. 아이는 건강하게 잘 자라 주었다.

큰아들 동규는 너무 착해서 어리지만, 말썽부리는 일이 없었다. 교회에 가서도 유아 방에 맡기지 않고 우리와 함께 예배실에서 예배를 드렸다. 집에 돌아오면 아이는 혼자 놀면서 늘 한 찬송가 후렴 부분을 즐겨 불렀다. 가만히 들어보면 그날 예배드릴 때 부른 찬송이었다. 큰아이 두 살 때 나는 둘째를 임신하게 되었다. 남편은 일하기 좋아하여 공장의 일하는 청년 서너 명과 같이 지냈고 나는 공장 청년들 식사를 준비하기 위해서 큰아이를 업고 늘 시장에 가서 장을 보고 아침, 점심, 저녁 매끼 식사를 여전히 준비하였다. 대가족 같은 이 식사가 나에겐 언제나 힘이 들었다. 일하는 청년들은 얼마나 많이 먹던지 그들이 충분히 먹을 수 있도록 만들어 주어야 했다. 물론 남편은 일하는 청년들에게 언제나 넉넉한 마음으로 그들에게 자상한 보살핌으로 베풀어 주고자 할 것이라고 스스로 위안하였으나 늘 체력의 한계에 부딪혔다. 이 환경에서 일하며 살아남는 것 자체가 고역이어서 그래도 열심을 내려 하는 나 자신과의 싸움이 현실에서 더욱 나를 어렵게 했다. 더욱이 둘째 아이를 임신한 채로 엄청난 양의 식사를 퍼 나르는 일이 더 어렵고 고달팠는데 남편은 일하는 데만 몰두하다 보니 나의 어려움과 괴로움에는 아랑곳하지 않았다. 오히려 식사를 바로 대령하지 않으면 조금만 늦어도 여전히 화를 냈다. 어쩌랴 나는 여전히 밥순이이고 자기 마음대로 명령하고 준비가 늦으면 벼락같은 소리를 지르니 이 관계는 남편과 아내 사이는 아닌 것 같다는 불평이 마음속에 늘 일어나고 있었다.

성남시로 거주지를 옮겼다. 그때 그곳은 시골 마을이었다. 내가 만삭이라 둘째를 낳을 예정일이 얼마 남지 않았는데 이사를 해야 했고 큰 아이를 업고 시장에 가서 곧 태어날 아이의 기저귀를 만들어야 했다. 두 살인 동규를 업고 한참이나 걸어가야 하는 시장길이 그날따라 몸이 유난히 괴롭고 무거워서 업은 큰아이를 남편이 잠시 받아 주었기를 바랐다. 일하기 바쁜 남편은 공장의 일에 여념이 없었다. 그날 밤에 12시 지나고 산기가 있어 병원을 찾으려니 방금 이사 온 동네라서 빨리 찾을 수가 없었다. 남편은 새벽 2

시까지 동네를 헤매고 다녔는데 나는 혼자 아이를 낳을 수밖에 없어서 두려움을 무릅쓰고 아이를 혼자 낳았다. 아이 낳은 후 서너 시간 후에 남편이 돌아와서 병원으로 나를 아기와 함께 데리고 갔다. 그 병원은 네온사인이 있는 휘황찬란한 그 지역에서는 제일 큰 개인 산부인과 병원이었는데 그때 시간이 새벽 4시쯤이었다. 나는 병원에 가자마자 혼절하고 말았다. 그 시간까지 너무 극심한 두려움과 떨림이 나를 기진하게 만들었지만, 그보다 더한 간절함의 순간들이 엄습했었다. 아기를 홀로 낳았을 때 아기는 목에 탯줄을 서너 바퀴 감고 있었다. 급히 풀어 주었는데 울지를 않았고 아기의 등을 두드려서 울게 하려고 하였지만 울지 않았다. 코를 빨아주고 등을 두드려주고 하는 동안 나의 두려움은 극에 달하고 있었다. 남편이 돌아와 병원으로 달려갔을 때가 4시쯤이었으니 그 시간까지 나는 제정신의 상태가 아니었다. 남편은 나를 병원에 남긴 채 집으로 돌아갔고 병원에서는 의사가 아기를 데려갔고 나는 입원실에 입원이 되었다.

내가 정신을 차렸을 때는 아침 7시쯤인 것 같다. 일어나서 즉시로 아기가 있는 곳으로 가서 아기를 보고 나는 기절할 뻔했다. 아기는 따뜻한 아기침대에 뉘어져 있는 것이 아니라 어른들이 진료하는 딱딱하고 차가운 침대 위에 있고 머리 쪽에는 전기 히터를 켜놓고 있었다. 2월의 추운 날씨였는데 어떻게 아기를 차가운 어른들의 진료하는 침대에 눕혀놓는 것이냐고 항의했다. 나는 아기 얼굴을 바라보며 아기에게 "아가야 미안하다"라고 말하며 "아가 10개월 엄마 뱃속에서 얼마나 고생했길래 탯줄을 세 번씩이나 목에 감았니?" 나는 아기를 물끄러미 바라보며 "한 번도 너를 편안하게 해 주지 못했구나"라며 나는 울었다. 아기 상태가 좋지 않다며 의사는 아기에게 인공호흡기를 꼽아주고 있다. 이것은 아주 잘못된 처치임을 나는 또다시 항의했다. 낙담하여 아기를 바라보며 "아가"라고 부르는데 눈을 감고 있던 아기는 눈을 번쩍 뜨고 마지막 작별 인사를 하는 것 같았다. 너무 억울하고 분해서 눈물도 나지 않았다. 아기는 한참이나 나를 바라보고 있었다. 그 눈빛은 빛났다. 어찌하여 3.7 킬로그램의 건강하게 태어난 아기를 죽게 만들었단 말인가 할 말을 잃고 말았다. 얼마나 분통이 터지던지 의사에게 나와 남편은 항의했으나 생명을 잃은 아기를 안고 가는 남편의 뒷모습을 바라만 보아야 했다. 나중에 알게 된 사실은 그 병원이 무허가 병원으로 의사도 면허가 없는 돌팔이였다. 인공 중절을 전문으로 돈을 버는 곳으로 간판만 요란하게 장식되어 있어서 우리 같은 이 지역을 모르는 사람들은 당하기 일쑤인 곳이었다. 남의 탓하기 전에 먼저 우리 자신을 돌아보아야 했다. 만삭이 된 아내를 데리고 이사하는 상황이라면 좀 더 아내를 배려해 주기를 바라는 마음이 나에게는 어울리지 않는다는 생각에서 가혹하리만큼 괴로웠다.

그때 내 고백은 이랬다. 새 환경으로 이사하면 얼마나 여러 가지로 어려운지 전혀 관심이 없는 남편은 오로지 공장일에 매달려야 했고 나는 두 살짜리 큰아이를 업고 만삭 몸으로 태어날 아기를 위해 준비할 것이 많았고 공장에서 일하는 아이들의 식사도 마련해 주어야 하는 이중고를 치르고 있었으니 도무지 불평은 하지 않는 곰탱이 같은 아내를 남편은 아내에 대하여 늘 관심밖에 사람인 것 같았다. 다른 것은 몰라도 적어도 곧 태어날 아기를 위하여 새로 이사 온 지역에 병원이 어디쯤 있는지를 미리 알아두었다면 이런 응급상황에 대비했더라면 우리의 건강하고 잘생긴 아기의 생명을 잃게 되지 않았을 것이다. 예쁜 우리 아기의 이름을 불러보지 못하고 아기는 엄마의 가슴에 묻고 지금도 자고 있다. 아니 하늘나라 천국에서 나를 바라보고 있음을 믿는다. 동진이라는 이름을 지어준 나 혼자만의 사랑하는 내 아들의 이름을 부를 때마다 지금도 가슴이 먹먹하다. 친정어머니 오셔서 우시면서 끓여준 미역국을 나는 그때 내 가슴에 묻은 아들로 인하여 먹을 수가 없었다. 지금도 그 일을 생각하면 눈물이 난다. 영원히 잊을 수 없는 내 아들이지만 내가 천국에 가면 꼭 만나리라 소망을 가지고 더 열심히 믿음을 가지고 살아가고 있다. 성남에서 계속 공장을 운영하고 있었으나 둘째를 잃은 것은 남편이 경영하는 공장에 주로 상용하는 약품이 '폴마린'이라는 약품인데 이것은 진공 멕기 하기 전에 이 약품을 바르고 건조시킨 다음 진공 멕기 기계에 넣어 멕기를 하는 것이다. 이 약품이 온 집안에 가득 차게 되었고 나와 아이는 이 냄새에 희생자가 되었다. 큰아이 동규가 이 약품으로 자가 중독증을 앓았고 이 냄새를 맡고 배 속의 아이가 자랐는데 이처럼 치명적인 타격을 입었다. 아이가 태어났을 때 아기가 울지 못했다는 것은 이 약품의 피해가 아닌가 생각한다. 그래서 내 마음은 더 아프다.

공장과 집이 많이 떨어져 있었으나 나는 큰아이의 양육에 신경을 썼다. 아이는 잘 자라 주었고 나의 마음의 상처는 큰아이가 있어 치료해 가고 있었다. 어느 날 큰아이가 열이 나고 먹은 것을 토하여 나는 해열제를 먹였다. 우리 집은 아이 때문에 언제나 가정

상비약을 구비해 두고 있었다. 아이는 열이 계속 오르고 약을 먹여도 소용이 없었다. 이때는 밤이 깊어 병원도 문 닫고 없는데 아이에게서 열이 내리지 않아 나는 당황스러웠다. 그래도 내가 미국 이민 가려고 준 간호사 공부를 좀 했다는 알량한 실력이라도 있어 열이 오르면 몸을 식혀 주어야 한다는 상식이 있었기 때문에 나는 아이 옷을 벗기고 찬 수건으로 몸을 식혀 주었다. 남편은 나를 나무라며 아이가 열이 나면 오한이 드니까 옷을 입혀주고 이불까지 덮어줘야 한다는 것이다. 나는 아이를 벗기고 거꾸로 남편은 덮어주고 밤새도록 싸웠다. 독하지 못한 나는 남편이 하는 데로 내버려 두었다. 아니나 다를까. 그때 아이는 경기를 하며 팔과 다리가 꽈배기 꼬듯이 돌아갔고 눈도 돌아가 흰자만 보였다. 남편은 할머니를 부르러 간다고 집을 나갔고 그 아이를 안고 나는 하나님께 부르짖어 기도했다. "하나님, 살려 주세요. 당신께 바치겠습니다." 눈물이 비 오듯 쏟아졌고 나는 절규하며 소리쳤다. 그때 내 귀에 들리는 음성이 있었는데 조용한 음성으로 "바늘을 찾아서 아이 손가락을 찔러라." 즉시 일어나 바늘을 찾아 아이의 엄지손가락을 찔렀다. 순간 검은 피가 흐르고 아이는 경기를 풀고 눈을 떠서 나를 보더니 푸-하고 숨을 내쉬고 잠이 들었다. 꽈배기처럼 꼬였던 팔과 다리가 풀렸고 나는 그 아이를 안고 하나님께 한없이 감사를 드렸다. 남편이 돌아왔을 때 아이에게서 모든 것이 정상으로 돌아왔고 아침 일찍 병원에 갔다. 의사는 잠자는 아이를 데리고 왔다며 화를 내고 해열제를 처방해 주었으나 이미 하나님이 고쳐주신 후여서 약이 필요 없었다. 작은 아이를 잃어버린 아픈 나의 가슴에 이처럼 큰 놀람과 떨림을 연거푸 주신 것은 믿노라 하고 기도하지 않는 나의 빈 가슴 때문에 오는 시련임을 깨달았다.

남편의 사업도 자꾸만 실패로 돌아갔고 공장마저 사기꾼에 빼앗길 뻔하였던 것을 간신히 찾아왔다. 아무래도 남편은 사업가가 될 수 없는 성격상의 장애가 있다는 확신이 들었다. 바로 자기의 말을 들어주지 않으면 누구에게나 신경질 부리는 나쁜 습성에 그를 좋아하는 사람이 없었다. 남편은 다른 사람을 가르치고 하는 일을 잘한다. 그러나 자신이 하는 멕기 공업을 여러 사람에게 기술을 가르쳐 주어도 되돌아오는 것은 험담뿐이었다. 아마도 감정조절이 잘되지 않아 사람과의 인간관계의 장애가 있는 것 같았다. 종일 나만 보면 이유 없이 화를 내기 시작하면 끝없이 내는 것을 보면 감정조절 기능이 잘되지 않는 것이 아닐까 하는 생각도 해 보았다. 남편은 다른 사람에게는 화를 내지 않는다. 아내에게 화를 내는 것은 그래도 자기 성격을 잘 받아주는 사람이라고 생각하는 것 같기도 하다. 남편은 자기보다 강한 사람에게는 강하고 약한 사람에게는 아량 넓은 베풂도 있는 또 다른 좋은 성격이 있다. 곧잘 다른 사람의 부탁을 들어주며 자기의 이익을 챙기지 않는다. 그러니 늘 손해를 보는 것은 남편이었고 약삭빠르고 이기적인 사람들은 그런 남편을 잘 이용하기도 한다. 남편은 화를 잘

내는 이유가 여기 있는 것 같기도 하다. 나도 맹꽁이 같아서 남편의 잃어버리는 부분을 알면서도 협력해 주지 않고 있었으며 남편의 사업에 참여할 생각도 하지 않았다. 남편과의 대화가 부족하여 우리가 서로 나누지 못하였던 것이 큰 이유이나 남편은 아내가 자기보다 강하기를 아니 대외적 일들에 협력하기를 원하지 않는 자존심이 강하기도 하여서 싸우기보다는 그의 일을 협력하지 않는 것이 오히려 우리 부부에게는 더 낫다고 생각했다. 남편은 태권도 유단자로서 자기 자신에게는 매우 강하고 침착하며 세밀한 성격을 지니기도 하여 타인에게 절대로 지기를 싫어하는 자존심이 무척 강한 남자이다. 물론 아내에게는 더욱 그렇다. 할 수 없이 나는 남편의 누님이 미국에 계신다는 것을 알고 우편으로 우리의 초청을 부탁하는 편지를 보냈다. 세월은 흘러 그때 둘째 아들(아니 셋째인 셈이다)이 육 개월째였다. 나는 생이별의 슬픔을 뒤로 하고 착잡하기 시작한 마음을 다스리려고 미국 이주를 결심했다. 친정어머니는 내가 미국 이민을 하기 전에 병환으로 돌아가셨다. 어머니가 살아 계시면 어머니의 상심이 컸을 것이란 생각을 해본다. 어려운 상황을 겪으면서 이번에는 남편이 화를 내며 미국에 가지 않겠다고 해도 가정을 위해 옳은 일이라면 시행해야 한다는 억척스러운 고집이 뜻을 이루게 되었다. 남편 모르게 남편의 누님에게 편지를 보낸 후 답장을 받은 것이다. 그러지 않아도 부모님과 함께 초청하려 했다며 반갑게 초청장을 부모님과 함께 보내 주셨다. 남편은 사업에 계속 실패하는데도 미국에 가지 않겠다고 화를 내어도 나는 수속을 진행하기 시작했다.

미국 이민 생활

 내가 미국에 가기 위해 이민 수속을 마치고 있을 때 친정어머니는 병환으로 누워 계셨다. 어머니 뵐 날도 얼마 남지 않아 그때마다 예수님을 믿으시도록 예수님을 전했지만, 어머니의 말씀은 "너는 너의 길로 가고 나는 나의 길로 간다"라고 짧게 말씀하시고 거절하셔서 애석한 눈물을 흘릴 수밖에 없었다. 그때에야 죽음과 영혼에 대해 알기 위해 신구약 성경을 다시 탐독하며 어떻게 하던 전도하려고 말씀 공부에 열중하였다. 딸 중에 나를 제일 예뻐하셨던 친정어머니 임종을 보고 나의 온 가족이 미국으로 이주하게 되었다. 남편의 누님이 미국에 오래 사셨고 누님의 남편은 소아과 의사로 우리 가족과 시부모님을 미국에 초청해 주셔서 이민 수속하던 때에 남편 나이 39살이며 나는 32살 큰아들 4살 작은아들 8개월의 네

가족이 1979년 3월 어느 날 하와이 호놀룰루 공항에 내려 조사를 받고 다시 비행기를 타고 필라델피아에 이주하여 오늘날까지 살고 있다. 우리는 남편의 자형 되는 분이 이미 자리를 잡고 이곳의 한인들의 유지이며 한인교회의 장로로 계셔서 아파트에 입주하여 생활하는 데에 어려움이 없었고 시부모님께서도 먼저 이곳에 오셔서 아파트를 얻어 살고 계셨다.

우리는 간단한 짐을 꾸려서 이민하였기에 여러모로 불편함을 감수해야 했으나 우선 두 아들을 보살피는 일이 제일 시급했다. 이주한 지 일주일 만에 시누님이 다니시는 교회의 집사님이 하시는 노점상을 권유받았다. 대부분 한인이 이민 와서 가지는 직업이 봉제 공장에서 일하는 것인데 집사님은 가장 빨리 안정할 수 있고 성공하는 길이라고 자신이 하는 노점을 물려 주겠다고 했다. 가족들 모두 좋아했고 우리에게 권유하므로 시부모님께 우리 아이들을 맡기로 하고 노점을 인수했다. 우리가 이민 갈 때는 한 가정당

100불 이상 가지고 나갈 수 없던 시절인데 우리에게 돈이 필요한 시기에 반가운 소식일 수밖에 없었다. 다음 날로 남편과 나는 일터로 가서 집사님으로부터 어떻게 거래해야 하며 어디서 물건을 구매하며 노점을 마치고 정리는 어떻게 해야 하는지를 지도받았다. 노점은 필라델피아 브로드 스트릿 근처에 위치하였다. 잡화를 파는 노점으로 아침 일찍 그 자리에 가서 자판을 차려야 하며 자판은 바퀴가 달려 있어서 마음대로 움직일 수 있고 비를 맞지 않도록 자그마한 지붕도 만들어져 있는 잡화점이다. 아침 일찍 물건을 진열하면 바로 앞에 지하철 입구가 있어서 출퇴근 시간에는 사람들이 붐비는 지역이라서 그런 데로 장사하기에는 안성맞춤인 장소인 것 같았다. 우리 부부는 장사라는 것을 모르는 사람이다. 또 미국 이주한 지 일주일째인데 용감했다. 원래 무식이 출중하면 용감하다고 하지 않는가? 경험 많은 사람이라면 쉽게 일어나겠지만 아무것도 모르면서 집사님의 소개가 있다고 해서 하나부터 열까지 백지상태로 장사에 나선 것이 화근이었다. 남편은 그때 집사님이 노점상으로 성공해서 자기 사업을 훌륭히 하는 모습만을 보고 장사의 격이 다르다는 것을 인지하지 못했다. 자신도 멋지게 성공하고 싶은 욕망이 왜 없겠는가? 나에게 의견을 묻는 일은 결혼하고 지금까지도 없는 사람이 나에게 물어볼 리가 없다. 그때도 그랬다. 나는 남편이 하라면 하는 것이 지금까지의 생활 방식이었고 한 번도 남편과 이런 일로 다투거나 이의를 달지 않는 그런 순종적인 삶을 살았다. 아파트와 노점과 거리는 거의 두 시간 걸리는 장소인데 우리는 자동차가 없어서 새벽녘에 일어나서 버스와 전철을 번갈아 타고 두 시간 걸려서 노점상까지 갔다. 그래야 행인이 다니기 시작하는 시간에 맞추어 자판을 펴고 일을 시작할 수 있었다. 남편은 영어를 전혀 모르면서 어떻게 용기가 났는지 도무지 이해할 수 없었다. 남편의 문제 해결사는 바로 나였던 것을 그는 알고 있었는지 모른다. 지금까지 그렇게 해 왔으니 말이다. 남편이 화를 내고 신경질 부리는 것도 일종의 자격지심에 의한 것인가 싶다. 적어도 나에게만은 그렇게 행동해 왔다. 남편의 권위로 말이다. 조금이나마 내가 미국 이민 가려고 간호 학교에 다니며 영어를 배운 것이 크게 도움이 되었다. 기본 대화는 서툴지 않았으므로 장사를 시작했어도 서툴지 않은 것이 다행이었다. 남편의 무뚝뚝한 표현과 사대주의 사상이 강한 경상도 남자의 특성이 장사에는 도움이 되지 않았다. 남편의 성격이 변하지 않을 바엔 이제는 인내하며 아이들을 보며 살면 언젠가 나에게도 웃을 날이 있을 것이라 믿었다. 그러나 상황이 좋지가 않았다. 거리가 너무 멀고 날씨는 점점 추워져 걱정스러웠다. 마침 교회 장로님의 소개로 정말로 헌차 즉 폐차하려는 차를 500불에 샀다. 우선 움직일 수 있어니까 자동차 운전하고 다니니 그나마 다행인 셈이었다.

첫 번째 시련

 우리는 아파트를 노점에서 20분 거리의 아파트로 부모님을 모시고 이사했다. 남편은 이민 오기 전에 자동차 운전 라이센스를 취득하고 온 것이 지금까지 해온 일 중에 가장 잘한 것 같다. 우리는 뉴욕 멘하탄에 다니면서 가방이며 모자며 쥬어리 등 잡화들을 도매상에서 사 왔다. 뉴욕 가는 날은 처음에는 나와 함께 갔는데 차츰 익숙해지자 나는 노점을 보게 하고 남편 혼자 다녀 왔다. 장사하는 일은 거의 내가 도맡아 하므로 뉴욕 가느라 자리를 비워 둘 수 없기도 했다. 그런 데로 우리는 제법 장사가 잘되어 안심하고 있었는데 그곳에서 어느 늦가을쯤 나가보니 그곳에 다른 흑인이 우리의 자리에 노점을 펴고 있었다. 며칠 전에 바로 우리 옆에 노점을 폈던 사람이었다. 노점의 자격은 누구나 먼저 와서 그 자리에 노점을 하면 그 사람이 할 수 있다는 것을 그때에야 알았다. 우리 자리가 장사가 잘되는 위치이니 그가 노린 것이었다. 그날은 장사를 못하고 자리를 접었다. 다음 날 우리는 이른 새벽 3시에 일어나서 눈 뜨자마자 즉시 남편과 노점을 펼치려고 그 자리에 와서 자판을 가져다만 놓고 물건은 진열하지 않고 아침 7시에 사람들이 왕래하면 물건을 진열하고 장사를 시작하려 했다. 어두컴컴한 새벽에 날씨도 추웠다. 사람들이 왕래할 때까지 기다리고 있는데 갑자기 바로 앞에 하얀 승용차 한 대가 섰다. 그 속에서 서너 명의 사람들이 내려 모두 쏜살같이 숨고 오직 한 사람만 우리 곁으로 걸어오고 있었다. 그냥 보기에도 험상궂은 모습으로 골격 자체가 장대한 흑인이 무서운 모습으로 오는데 차츰 가까이 오자 그 모습이 마치 굶주린 사자 얼굴 그대로였다. 오른손은 가슴 안에 넣고 위협하며 오고 있었다. 나는 남편에게 "여보, 당신은 차에서 시동을 켜고 헤드라이트를 켜고 무슨 일이 있으면 즉각 도망갈 준비를 해라"고 말했다. 남편은 자동차 안으로 가서 시동을 켰고 불을 켜고 나는 혼자 그 험상궂은 도둑놈을 맞이했다. 자판을 붙들고 기도하기 시작했다. "주님 내가 떨지 않게 해 주세요."라고 기도하고 눈을 떠보니 그 굶주린 사자의 얼굴이 내 얼굴 앞에 마주쳤다. 나는 크게 숨을 내쉬고 자판을 움켜쥔 채 먼저 그 남자에게 말을 걸었다. "안녕하세요. 당신 이른 아침에 웬일이세요. 아침 일찍 산책하기에는 추워요. 우리는 가난해서 아침 일찍 이렇게 자판을 열어 장사해야 해요. 식구가 10명이나 되어요. 오늘 못 벌면 우린 굶어야 해요 그런데 우리 자리를 누가 뺏었어요. 그래서 오늘 이렇게 일찍 나왔어요. 당신 너무 일찍 산책하면 감기 들어요." 이 말을 다정스럽게 하는 나는 먼저 그 사람에게 말을 걸지 않으면 그 사람의 요구에 응해야 한다는 것을 인식했다. 주님께서 지혜를 주시므로 용기를 내어 말을 하기 시작했다. 그 사람은 속주머니의 손을 움직이더니 "햐아~" 하더니 순식간에 떠나 버렸다. 주위에 숨어 있던 서너 명도 쏜살같이 차에 타고 달아났다. 나는 그들의 뒷모습을 보고 안도의 숨을 내쉬었다. 온몸이 바들바들 떨리고 있었다. 그 후 우리는 아침 일찍 노점을 펴고 장사를 했는데 주일을 빼고는 하루도 쉬지 않고 자판을 열어야 했다.

눈물의 생활

노점이란 것을 예전에 미처 몰랐으니 노점을 하게 된 것이지 노점이 얼마나 어려운 것인 줄 진작 알았더라면 하지 않았을 것이다. 남편은 눈이 오나 비가 오나 자리를 비우지 않고 노점을 열었는데 봄가을은 그런 데로 견딜 수가 있었지만, 겨울엔 아침에 흐린 날씨거나 오후쯤 눈발이 날리는 날이면 나는 물건을 정리하고 길바닥에서 뉴욕 간 남편을 기다려야 하는데 고작 뜨거운 커피가 나를 덮어 줄 뿐 오직 추위와 싸우기 위하여 나의 온몸은 오그라들고 부들부들 떨어야 했다. 잠시의 추위를 면하기 위하여 앞에 있는 세탁소를 하는 한국인 가게에 들어가서 몸을 녹이는 것이 유일한 방법이었는데 그 집 주인 남자는 추운 날씨라고 해도 내가 가게에 들어오는 것을 극히 싫어 했다. 그 노점을 소개한 분이 바로 그 가게의 처남이

기도 하고 그분이 자기의 아내를 마구 때린 적이 있는데 내가 자주 가게 되면 자기 아내에 대한 폭력이 노출될 것을 매우 우려하는 사람이었다. 그의 아내는 바로 자기 언니가 바로 나의 자리에서 노점을 해서 성공해서 그도 세탁소를 경영하게 되어서 그런지 내가 그 가게에 들어가면 자기 아내를 구타하고 신경질을 부렸다. 눈발이 날리고 날씨가 추워서 견딜 수 없는데 남편이 오려만 아직도 많은 시간을 기다려야 할 때는 어쩔 수 없이 눈치를 무릅쓰고 그 가게에 들어간다. 나의 세탁할 빨래가 있어서 그 집에 맡긴다면 달라지지 않았을까 생각도 해보지만, 나에겐 이제 막 이민 생활을 시작하는 사람이라 그럴 여유가 없었다. 그때까지 시부모님과 함께 한 아파트에 살았는데 시부모님께서 우리 두 아이를 봐주고 계셔서 부모님 포함한 온 가족의 식품비가 적지 않게 들었다. 거기에 네 살과 한 살짜리 아이를 봐주시는 베이비시터 비용도 드려야 했다. 벌어서 돈을 모을 여력이 없었다. 저녁이 되어서 남편이 뉴욕에서 돌아오면 물건을 거두어 차에 싣고 지쳐서 무거운 몸을 이끌고 집으로 가는 내 마음도 몸도 천근같이 무거웠다. 추위에 지친 몸은 집에 들어가는 순간 나는 또 할 일이 많았다. 우리가 도착하는 시간이 늦어지므로 어머니께서 저녁을 만들어 놓고 계시면 나는 그것을 설거지하고 난 다음 부모님과 온 가족이 예배를 드리는 시간을 가졌다. 그리고 나는 아이들을 목욕시킨 다음 잠자리에 들어가는데 침실 두 개의 우리 식구는 건넛방에 시부모님이 거하시고 우리 방에는 남편과 두 아이가 함께 잤다. 침대에는 두 아이를 재우고 남편과 나는 바닥에 담요 한 자락을 덮고 한 자락을 깔고 자야 했다. 온종일 추위에 떨다 보니 차가운 바닥에 다시 누우면 자연히 웅크리고 자야 했다. 행여 아이들이 추워 감기들까 가져온 이불은 아이들에게 덮어주니 우리 부부는 그렇게 웅크리고 자야 했고 새벽에 일어나서 일을 가야 하므로 어떻게든 잠이 들면 추위도 잊어버리게 된다. 하지만 어느 날은 유독 작은아들 동현이가 보채는 날이 있다. 나는 즉시 눈치를 채야 한다. 부모님을 모시니 행여 잠을 깨실까 얼른 아들을 포대기에 싸서 업고 밖으로 나가 칭얼거리는 아이가 잠이 들 때까지 동네를 한 바퀴 돈다. 잠이든 아이를 집에 들어와 잠자리 누이고 나의 자리에 들어가 담요에 의지하여 잠을 청하곤 했다.

아마도 둘째인 동현이는 태어날 때부터 신경이 예민한 아이였다. 이민 오기 전에 잠시 친구의 출판소에서 일한 적이 있는데 잠시 셋째 언니에게 아이들을 맡긴 적이 있었다. 큰아이 동규는 얌전하고 순응을 잘하는데 동현이는 언니의 보살핌이 마음에 들지 않았던 것이다. 종일 울고 우유도 먹지 않아 저녁에 들어가니 언니는 아이에게 신경을 쓰느라고 위경련이 일어나 앓아누웠고 아이는 잠들어 있었다. 팔은 안으로 굽는다고 다른 생각을 할 겨를없이 아이에게 가서 울다가 지친 아이를 바라보고 얼굴에 눈물이 아직 마르지 않은 것을 알 수가 있었다. 아이를 안고 등을 두들겨 주면서 토닥거려 주었다. 아이는 육 개월 때인지라 엄마의 품을 유난히 기억하고 있었다. 내가 안고 토닥거리며 "동현아!"라고 부르자 눈을 뜨고 다시 서럽게 울기 시작했다. 얼마라도 벌어서 살림에 보태려고 나가서 일했는데 아이를 고통스럽게 했던 생각이 들자 나도 아이와 함께 울었다 "동현아! 미안해. 다시는 안 나갈게."라며 나는 그를 업고 달래주고 있었다. 그렇게 예민한 아이라 오늘도 마음을 다치지 않았을까 하는 염려가 들자 나는 아이를 업고 온밤 동안 동네를 한 바퀴 돌면서 나도 울고 있었다. 밤이면 아이를 돌봐야 하는 나는 잠을 충분히 잔 적이 거의 없었다. 여름이라고 어려움이 없을까 마는 피하지 못하는 뜨거운 태양을 온몸에 받아야 하고 더위를 참으려고 얼음물을 연신 들이키는 것이 최선의 방법이었고 그나마 다행한 일이었다. 한여름 뙤약볕은 아스팔트인 도로의 지열과 그늘이라고는 없는 엄청난 더위를 견디기 어렵고 참기 어려운 육체의 고통이 내 몸속으로 파고들었다. 오전에 날씨가 흐리면 남편은 반드시 나에게 노점을 차려주고 뉴욕으로 떠난다. 갑

자기 소낙비가 쏟아지면 피할 데가 없어서 우선 걸어 놓은 가방이랑 모자랑 물건들을 비에 젖지 않게 하려고 자판 전체를 비닐로 덮어야 하는데 전신으로 비에 젖은 몸은 생쥐가 되었고 바람이 불어 자판은 바퀴가 달려 있어 움직이므로 도로로 침범하지 않도록 그것을 있는 힘을 다해 붙들어야 했다. 비를 맞고 바람과 자판을 붙들고 싸우며 나는 몸부림쳐야 했다. 노점상 장사는 자리를 지키려고 하는 일이 중요하므로 아침에 뉴욕으로 떠난 남편이 돌아와서 저녁 자판을 거둘 때까지 나는 그런 곤욕을 치러야 했다.

하루도 이틀도 아니고 삼 년이라는 시간이 흘렀다. 그러는 동안 부모님 덕분에 아이들의 베이비시터 문제는 잊을 수가 있었는데 어느 여름 일을 마치고 집에 들어갔더니 부모님이 근심 어린 얼굴을 하고 계셨다. 무슨 일이 있는지를 직감하고 있는데 어머님의 말씀이 "동현이가 손가락을 다쳤는데 아버님과 밖에 나가 놀다가 바람이 너무 불어 집으로 들어오는데 갑

자기 바람이 불어 아이의 손가락을 문에 치였다."는 것이다. 아이의 손가락을 살펴보니 오른손 새끼손가락에 붕대가 감겨 있었다. 남편의 자형이 소아과 의사라 즉시 치료해 주셔서 아무 일은 없을 것이라고 하셨는데 그분의 말씀이 새끼손가락 마지막 마디가 끊어졌는데 다행히 아이의 뼈를 다치지 않아 계속 무균적 연고를 하루 네 번 발라 주면 아무 이상이 없을 것이라고 해서 한편으로 안심하기는 했지만 정말 아무 이상 없이 나아 주기를 바라면서 나는 아이를 생각하며 종일 울었다. 아이가 얼마나 아팠을까 부모님이 얼마나 놀랐을까 하는 마음이 교차하면서 이 가슴 아픈 상황이 끊임없이 나를 울게 했다. 저녁에 집에 들어가니 어머니는 내 얼굴을 보시곤 "예야, 네 아버지는 놀라 졸도했단다." 나는 아무 말도 하지 않았지만, 어머니는 나의 울어 퉁퉁 부어있는 얼굴을 보고 섭섭하셨나 보다. 어떤 대답도 하지 않았고 나는 아이를 안고 방으로 들어가서 또 아이를 안고 또 울었다. 어머니는 내가 "괜찮아요. 놀라셨죠?"라고 위로 받기를 바라시는 것 같았다. 그 위로를 드릴 수 없었던 것은 바람이 불어 문이 닫혀지는 것을 아시면 두 살짜리 아이를 먼저 안으로 들여 보내고 당신이 들어오셨으면 아이가 이렇게 다치지 않았다는 섭섭함을 금할 수가 없었다. 내게는 둘째 아이를 먼저 하나님 품으로 보낸 아픔이 아직도 생생한데 셋째가 되는 동현이 마저 이런 사고를 갖는다는 것은 견딜 수 없는 고통이어서 그렇게 며칠 동안 하나님께 기도하며 울었다. 내가 살아야 이유는 하나인데 자녀를 사고 없이 잘 기르는 것의 소망을 가지고 있는 나로서는 가슴에 또 하나의 상처가 남아 있게 될 것 같아 아팠다.

이 년 후 부모님은 다른 곳으로 아파트를 얻어 이사를 했는데 그때 시동생과 막내 시누이가 이민을 왔다. 그때부터 우리는 아이들의 베이비시터를 위해 사람을 구해야 했다. 감사하게도 큰아이 동규는 유치원으로 가고 작은 아이 동현이는 세 살로 마침 그때 앞집에 목사님이 이사를 오셔서 따님이 셋이나 있는 집으로 베이비시터를 부탁하게 되었는데 사모님이 쾌히 승낙하셨다. 부모님이 이사 가시고 적절한 시기에 박 목사님 가족이 이사 오셔서 나는 하나님께 감사 기도를 드렸다. 박 목사님 가족은 예쁜 따님이 셋인데 우리 아이들을 부모처럼 정성껏 보살펴 주셨다. 그중에 막내딸이 우리 큰아이 동규와 같은 또래였으니 우리 아이들은 우리보다 목사님 가족과 더 잘 어울렸다. 생일 파티도 열어주고 여름이면 수영도 가르쳐 주고 겨울에는 스케이트를 세 따님과 함께 가르쳐 주었다. 물론 베이비시터 비용과 경비를 우리가 따로 지불했다.

일을 마치고 집에 돌아오면 아이들과 가족 예배를 드리는 즐거움이 나를 늘 기쁘게 했다. 남편은 자기 일에 충실했고 나는 내가 노점 일을 맡아 하는 일에 충실했다. 물론 더위와 추위는 견딜 수 없는 고통이지만 우리의 수입이 넉넉하지 않아도 그런대로 생활할 수 있었다. 집에 들어가면 아이들을 위해 함께 식사하고 도란도란 아이들의 눈망울을 바라보는 것이 나의 행복이었다. 아무리 어려운 환경이라도 아이들을 키우는 모든 엄마의 마음도 같을 것이다. 사랑하는 아이들의 볼에 뽀뽀해주고 안아 주는 그 순간은 나의 모든 것은 나의 고통을 잊게 하는 시간이며 어떤 어려움도 참고 견딜 수 있는 것도 바로 아이들의 애교 어린 웃음과 모든 사랑이 아이들과 주고받을 때야말로 내가 고생하는 보람을 가지는 시간 들이었다. 우리는 잡화상에서 과일 자판으로 바꾸었는데 도둑들이 찾아와서 물건을 훔쳐 가고 못 훔치게 하면 남편은 도둑들과 여러 번 싸웠기 때문이었다. 그곳은 필라델피아에서 가장 위험한 흑인 우범 지역이라는 것을 우리가 노점을 차리고 얼마 후에 알게 되었다. 장사한 지 삼 개월째 되던 때에 노점 자리를 빼앗기고 새벽에 강도를 만난 것도 이러한 위험지역이라는 것을 증명해 주고 있었고 그 후 얼마 후에 다시 행인을 권총으로 쏘아 죽인 일도 그곳에서 벌어졌다. 남편이 도둑과 자주 싸워야 해서 워낙 태권도로 단련된 남편이라 도둑들이 겁을 내기도 했지만, 하나님의 보호하심이 언제나 계셨다는 것은 이러한 일을 통하여 알 수 있었다. 우리는 과일 노점을 하기로 했는데 남편은 아침 일찍 과일 도매상에 가야 했고 과일 노점을 펴준 다음 나는 혼자 과일 노점을 보고 있는 얼마 후에 어떤 흑인 여자가 와서 방금 진열한 과일 중에 제일 부드러운 배를 손톱으로 만지며 찔러 놓는다. 나는 화가 나서 상처 낸 과일은 모두 사 가라고 했다. 그랬더니 그 여자는 나에게 욕을 하면서 내 빰을 후려갈겼다. 순식간에 당하는 일이라 나는 멍하니 그 여자를 바라보고 있었더니 그 여자는 그냥 사라져 버렸다.

노점상을 하는 동안 나는 너무 지쳐있어서 아프기 시작했다. 고열이 나서 약을 먹어도 소용이 없어서 침대에 누워 주님을 부르고 있었다. 그 시간 나의 몸은 이미 고열로 멍하니 천정을 바라보고 있어서 이제는 가야 할 시간인가 보다고 생각하고 있었다. 아이들은 학교에 보내고 혼자 침대에 누워 있었다. 큰아이 동규는 아홉 살이며 작은 아이는 다섯 살이라 학교에 보냈고 나는 몸이 아파 도저히 일어나 일할 수가 없어서 침대에 누워 있었다. 내가 도저히 못 나가겠다고 남편에게 말하니 남편은 신경질이 나서 성질을 내면서 꽤 병을 부리지 말라고 일하기 싫으니까 아프다고 한다고 화를 내곤 나가 버린다. 사실 남편은 건강한 사람이라 아픈 사람을 이해하지 못하는 강한 사람이다. 내가 옆에서 도와주어야 하는 장사 일이지만 그날은 도저히 움직일 수가 없었다. 약을 먹어도 소용이 없었다. 온몸으로 고열이 휩싸이고 머리는 고열로 펑 터질 것 같아 조용히 주님을 불렀다. 아이들을 잘 길러 달라고 어려움 없도록 해 주십사하고 기도하기 시작했다. 내가 남편에 대해 기도하지 않은 것은 나는 그를 사랑할 시간이 아닌 마음에 그런 여유가 없었다. 자기의 일을 몸종처럼 순조롭게 손발이 되어 주면 아무 불평이 없었으나 지금까지 그렇게 손발이 되어 살아온 세월인데도 아내가 그동안 말없이 얼마나 고통을 당하고 살았는지 알지 못하고 또한 받아들이지 않는 냉정한 사람이라 나는 그를 사랑하는 마음이 없었다. 아이들만 바라보고 살아온 나에게 온 몸이 불덩이가 되어 자리에 누워 죽음을 청하고 있는 나를 향하여 하는 말이다. 나는 이제는 주님께로 가고 싶었다. 세상 살아오는 동안 온 가족이 함께 저녁 예배를 드리는 시간과 저녁 시간 함께 식사하는 시간과 아이들과 대화를 나누는 시간을 나에게 짧은 행복을 주신 하나님께 감사를 드리고 있었다.

하나님과의 만남

그런저런 생각을 하고 있는데 갑자기 내 눈 앞에 펼쳐진 놀라운 광경을 보았다. 그것은 도무지 믿어지지 않는 광경인데 눈을 감아도 보였고 눈을 떠도 똑같은 광경이 보인다. 나는 참으로 허름한 옷을 입고서 어느 강가에 서 있었는데 나를 천사가 그곳으로 인도하였는데 강가에 이르자 강 건너에서 천사가 건너와서 나를 이끌고 강을 건너고 있었다. 내가 천사의 손에 이끌려 간 것은 내가 침대에서 고열로 신음하고 있을 때 나를 이끌고 간 천사는 강가까지였고 강 건너에서 다른 천사가 나를 이끌고 강을 건너는 동안 나의 남루한 옷이 새하얀 세마포 같은 옷을 입고 천국에 입성하는데 바로 저쪽에서 또 다른 세마포를 입은 분이 오셨다. 그분이 가까이 오셨을 때 나는 그분이 주님이신 줄을 알고 그 분의 발아래 엎드려 있었는데 그분은 나에게 오른손을 내밀고 나를 일으켜 세우셨다. 그분의 손목에 백 원짜리 동전만 한 구멍이 있는 것을 보고 눈물이 날 뻔했다. 주님은 나를 이끌고 하나님께 찬양과 예배드리는 성소로 데리고 가셨다. 그곳에는 둥근 예배실이 있었는데 정 중앙에 제단이 있었고 오른편에는 흰옷 입은 찬양하는 많은 천사가 두 손을 높이 들고 하나님께 찬양하고 그 우렁찬 목소리는 많은 천사가 한목소리 같이 부르는데 하나님을 향한 열정적 눈빛과 온몸으로 춤추는 그 모습은 한결같이 움직이는 모습이었다. 그 찬양은 내가 세상에서 한 번도 들어보지 못한 노래이며 웅장한 목소리는 온 성소를 가득 메우고 있었고 그 찬양에 화답하는 하나님은 오색 찬란한 빛으로 위에서부터 내려와 온 성소를 가득 메우고 있었다. 나는 지극히 작은 자로 그 놀라운 광경으로 내 가슴은 감동으로 터질 것 같았고 황홀한 광경은 아름답다고 표현하기조차 어려웠고 나의 눈은 깜박일 수도 없이 손 모으고 보고 있었다. 하나님은 천사들이 찬양할 때는 이렇게 오색찬란한 빛으로 응답하고 계셨다. 하나님께서 찬양을 가장 즐거워하시고 기뻐하시는 것을 보여 주셨다.

나는 어느새 제일 앞에 놓여 있는 제단 앞에 가서 무릎을 꿇고 기도하고 있었다. 그러고 나서 나를 지옥문 앞으로 이끌고 가셨다. 주님은 나에게 "너는 이 지옥에 들어갈 필요가 없다. 내가 너에게 이 지옥 상황을 보여 줄터이니 이 광경을 보고 세상에 나가거든 너는 사람들이 이곳에 오지 않도록 나의 복음을 전하거라."라고 말씀하시고 지옥문을 열어 보여 주셨는데 그 광경을 보고 기절할 뻔했다. 숨도 제대로 쉴 수가 없었다. 지옥에는 고통뿐 이었는데 끊임없이 매를 맞고 있는 고통 소리이며 또 한편으로는 구더기도 타지 않는 꺼지지 않는 불 못에 들어가 비참한 고통의 소리를 지르고 있었다. 쉴 틈을 주는 것이 아니라 살점이 다 떨어지는 즉시 또 몽둥이로 맞고 쉴 사이 없이 맞는 사람은 고통으로 소리를 지르고 지르며 또 불못의 불길은 끊임없이 타오르고 죽지 않고 불로 태워도 죽지 않는 그 고통은 시한성이 없는 영원한 고통을 받는 것의 이 놀라운 광경에 놀라고 또 놀라 온몸이 소름이 돋아 어쩔 줄을 몰랐다. 내가 부들부들 떨고 있는데 그 쇼크는 내가 천국을 본 기쁨보다 더 컸었다. 잠시 후에 나는 내가 누워 있는 자신의 모습으로 돌아왔는데 천국은 너무나 아름답고 행복한 곳이며 하나님의 밝고 거룩한 빛으로 말미암아 어두움이 없었으며 천국은 하나님의 영광으로 가득 차 있어 기쁨이 넘치고 행복이 넘치는 곳이어서 천국의 공기는 향기로운 꽃 냄새 싱그러운 냄새로 가득 차 있었고 내가 지구로 돌아왔을 때의 처음 느끼는 공기의 냄새 썩은 냄새 즉 시체 섞는 냄새가 진동하여 숨을 쉴 수 없어 죄로 오염된 공기임을 깨달았다. 그것도 잠깐 순간일 뿐 나의 뇌리에는 방금 지옥에서 그 참혹한 영혼들의 고통 소리가 나의 귀를 울리고 있어서 나의 심장은 마비될 것만 같았기 때문이었다. 나의 병은 순식간에 사라졌고 나는 엎드려 기도하기 시작했다. 나의 사명은, 바로 제단 앞에서 기도하는 모습을 보여 주신 주님은 무엇보다 지옥으로 사람들이 오지 않도록 기도하고 주님께로 인도하라시는 사명이라는 것을 깨달았다. 나는 먼저 자리에서 일어나서 교회의 담임 목사님께 전화를 걸어 나에게 일어났던 이러한 일들을 말씀드렸다. 그것은 그동안 담임 목사님께서는 영적인 문제를 언급하지 않으셨고 그러한 환상을 보는 것을 이단시해 오셨던 것을 알고 있어서 우선 목사님께 사실을 알려 드림으로 성령의 은혜의 사실과 체험을 공유하고 싶었다. 교회에서 성도들에게 하나님의 은혜를 말씀 가운데 문자적 해석으로 신학적 지성적 가치만을 우선시하는 것은 영성이 배제된 하나님의 은혜를 무시하는 처사이고 윤리와 도덕적인 관점으로 축복을 받는 것만을 강조하는 설교에 치중하는 것은 성경에 나타난 하나님의 말씀과 일치하지 않기 때문에 제일 먼저 영적인 세계 즉 천국이 환상 속에만 존재하는 문자적 천국이 아니라 실재의 천국과 지옥에 대하여 성경이 소상히 밝히는 것을 있는 그대로 사실이라는 것을 알게 하고 강조하고 싶다.

오늘날 목회자의 설교 틀이 스펙트럼을 넓히려고 성경의 범주를 넘어선 번영신학적 철학적 문학적 차원으로 사람들을 감동시켜 하나님의 신성의 경배보다 축복을 통한 인간의 이성적 판단을 높이고 가르치는 데 주력해 교회가 부흥되고 발전을 꾀해온 것은 부인할 수 없는 사실이었다. 특히 부흥강사로 초대를 많이 받는 목사님이시고 보면 이러한 영적인 부분은 늘 빈곤한 설교의 한계를 가지고 있었다. 교회의 부흥은 영적인 부흥에서 시작되어야 한다고 생각하는 나는 기도는 그 첫걸음이고 기도는 하나님과 소통하는 길이기 때문에 하나님과 소통이 없으면 결국 인간의 사고와 생각으로 자기의 사상으로 말씀을 가르치고 끌어나가는 가장 인본주의적인 방법으로 사역을 전개할 수밖에 없다. 영적인 은혜 속에 성경을 아는 지성이 자라갈 때 인본주의에서 벗어나 신본주의에 바탕을 둔 설교 준비도 가능할 것이다.

영적인 빈약함으로 하나님의 실제적인 천국의 모

습을 보고 온 사실을 외면할 수는 없다. 그때는 내가 체험한 하나님의 은혜와 간증을 목사님께 말씀드림으로 성경이 하나님의 말씀이라는 사실과 구속의 은혜를 주님께서 보여주신 천국과 지옥의 환상에서 깨닫고 이제는 증인으로 살고 싶다는 말씀을 목사님께 전화해서 말씀을 드렸는데 오히려 그때부터 나에게는 영적인 핍박이 시작되었다. 무언가 조금은 달라질 줄 생각했었는데 아무 소용이 없었다. 그러한 핍박 가운데 나는 더욱 기도하게 된 계기가 되었다. 기도의 사명이 저에게 내려진 확실한 증거는 천국의 성소에서 많은 무리의 천사들이 하나님께 찬양하는 그곳에서는, 제일 앞에 차려진 제단 앞에 나는 흰 세마포 옷을 입고 무릎을 꿇고 기도하는 나의 모습을 보았고 그것은 지극히 작은 모습이었다. 환상에서 깨어난 나는 먼저 하나님께서 기도하라시는 사명을 주셨던 것을 알게 되었다. 나는 그때부터 기도에 더욱 열심을 내고 철야를 하게 되었다. 그 이후부터 나는 누군가 뭐라든 핍박을 하던 말던 기도하는 일에 더욱 매진하게 되었고 철야기도는 점점 더 깊어지고 깊은 밤부터 시작하여 새벽까지 매일 빠지지 않고 하게 되었다. 영적인 성숙이 깊어지고 성령 충만함이 나타나고 성령의 은사가 나타나기 시작하였다. 제일 먼저 방언의 은사를 받았고 방언으로 기도를 하게 되니 밤이 새도록 기도하여도 그렇게 뜨겁고 즐겁고 기뻐할 수밖에 없었다. 방언의 은사는 처음에 무슨 뜻인지 알지 못해도 하나님의 선물인 것을 생각하니 그 기쁨은 이루 말할 수가 없었다. 나는 더욱 기도하는 시간이 즐거웠고 하나님과의 대화가 종일 기도하여도 시간 가는 줄을 몰랐다. 나의 기도 생활은 무시로 성령 안에서도 기도가 시작되었고 일하면서도 어디서든 무엇을 보든지 그것을 위하여 기도하게 되었다. 나는 기도하는 것이 얼마나 기쁘고 즐거운 것인지 체험해 보지 않는 사람은 모를 것이다. 방언의 기도를 하면 모두 이단이고 잘못되었다고 교인들이 나를 외면하고 피하는 경향이 심해졌다. 오히려 나를 비웃었으며 모욕하고 교회에서 방언 기도를 하지 못하도록 방해하는 교인들이 점점 더 많아지고 있어서 나는 따돌림당하면서도 묵묵히 교회 생활을 하고 있었다. 담임 목사님의 말씀 중에서도 잘못된 신앙의 모습이라고 성경 말씀 중에서 요한 계시록의 말씀 중 "흰말이 나와서 이기고 이기려 하더라" 말씀을 인용하면서 천사를 가장한 사탄이라고까지 표현하셨다. 어느 권사님은 나에게 교회에 와서 말씀 중에 아멘 하지 말라고 경고까지 하셨다. 나는 권사님에게 "하나님의 말씀을 듣는 것과 사람의 말을 듣는 것 중 어느 것이 옳은가?" 생각해 보시라고 말해 주었다. 참 이상하게도 왜 '아멘'이라고 화답하는 것이 이상하게 느껴지고 그것을 이단이라고 잘못 판단하게 되는 것일까? 무엇이 교회 안에서 성경 말씀을 가르치고 배우면서 왜 '아멘'을 이단성이 있다고 생각하는 것일까? 성경에는 하나님의 말씀을 선포하는 곳마다 '아멘'으로 화답하고 있는데도 '아멘'이 특정한 사람에게만 사용된다면 확실히 잘못 가르쳤거나 잘못 배운 것이 틀림없는 것이다. 물론 절제하라는 말씀을 유독 강조하므로 교회의 질서를 지키려는 뜻도 있다는 사실도 옳기도 하다. 그러나 '아멘' 하는 성도들에게 절제 있는 신앙생활을 가르친다면 '아멘' 한다고 하여 질서가 흩어지지 않을 것이 분명하다.

성령 충만은 오히려 하나님의 말씀을 존중하고 성령의 열매를 가지게 되어 교회의 모범이 되는 아름다운 성도의 모습을 이룬다. 성경은 성령 충만을 받으라고 말씀하고 있다. 성도들에게서 '아멘'으로 화답하는 것을 금기시하면서 성령 충만이 교회 안에서 일어나기를 기대하는 것은 모순이다. 성령 충만으로 뜨거워 지면 교회는 살아난다. 모순된 절제라는 말씀은 육적인 삶에 대해서 해야지 영적인 은혜에 적용할 수는 없다. 그러나 교회는 냉정하게 교회 안에서 엄숙함을 유지하고 다스리려는 한 방법으로 성도들을 인도해 왔고 그렇게 지도하는 것을 당연시한 것으로 생각한다. 나는 이러한 냉랭한 교회에서의 신앙생활에서 나를 향한 교인들의 질타를 언제나 받아와야만 했다. 교회의 말씀은 주로 사회적이고 시사 일색과 축복 사상으로 성경 말씀을 잘 섞어서 그럴듯한 설교를 통하여 사람들을 매료하기에 여념이 없었다. 그런 설교가 인기를 끌고 있었고 대부분의 목사님은 이러한 설교를 하는 교회는 많은 교인이 출석하며 그것이 부흥되고 있어서 성령 충만함을 위하여 철야기도를 하며 소리 높여 찬양하는 나의 모습은 이단시 될 수밖에 없었던 것이다. 즉 마가복음 16장 16절 이하의 말씀은 전파하라는 말씀으로 대언하고 그 무엇도 말씀하지 않았다. 그 이상 말씀은 증거할 수도 없거니와 또 그 이상은 이단들이 내세우는 말씀으로 오해를 받기 때문에 이 말씀들은 다른 말씀으로 피해 가거나 대체해왔다. 축복을 유독 강조하는 대부분의 목사님은 자신들의 문제를 인식하고 들여다보아야 하는 데 기도의 부족을 인식하지 않고 기도하더라도 잠깐일 뿐 성령에 대하여 사모함이 없으면서 성령을 받은 성도들을 교회에서 배척하는 이유는 아마도 쉽게 목회하자는 태도에서 나온 것으로 보아도 거짓은 아닐 것이다. 오늘날 교회에 만연된 인본주의 중심으로 목회하는 근본이 바로 사람들에게 인정받자는 인기 중심 명예 중심의 교회가 되는 것을 경계해야 한다.

   교회에는 성령의 역사하심이 있어야 한다. 성령 충만을 강조하고 성령을 받으면 이단시하는 풍조는 무엇인가? 나의 경우는 시부모님과 시집 식구들이 교회에서 장로, 집사, 권사의 직분을 가지고 있었으므로 나에게 퇴출보다는 자제하라는 목사님의 부탁을 자주 하셨다. 오랜 시간 철야기도와 금식기도를 하고 있어서 교회 안에서도 성령을 사모하는 사람들이 늘어나고 있었고 혼자 철야 기도하고 있으니 새벽기도를 세우려는 모임이 생겨났고 한두 사람씩 모여들어 담임목사님도 할 수 없이 새벽기도를 인도하는 계기가 되었다. 물론 철야기도는 자정부터 시작하여 새벽 4시에 끝나면 6시부터는 새벽기도회가 시작되기에 마쳐야 했는데 새벽기도가 시작되기 전에는 나는 아침 6시까지 철야기도를 하고 집으로 돌아갔다. 새벽

기도회가 생긴 후로는 시간을 단축하게 되었다. 차츰 성도들이 주위로 몰리고 성령의 은사를 사모하는 사람들이 많아지게 되자 드디어 목사님은 나에게 제재를 가하시기 시작했다. 바로 시집 식구들을 통하여 눈총이 거세지기 시작했다. 감사하게도 나의 시집 식구들은 대단히 점잖고 예의 바른 사람들이라 나에게 험악한 표현은 하지 않았다. 우리 가족은 다른 교회로 나가 주기를 바라는 마음이 있었다. 그때 시어머님은 남편에게 한국으로 가는 비행기를 마련해 주었다. 출국하는 편도 티켓이었다. 한국 총신대학교 신학대학원에 가서 신학 공부를 하여 목사가 되어 돌아오라는 분부셨다. 그것이 시어머니의 소원 기도였다고 말씀하셨다. 시어머니의 가문은 사 대째 잇는 기독교 신앙 가정이었다. 그러니 맏아들에게 대한 기대가 컸던 것도 사실이었다. 장사를 하여 경제적인 안정을 가져오기를 기도해온 어머니는 기다려도 아들의 사업은 어려워만 갔고 더욱이 노점도 그 앞에 전철 공사를 시작하여 철거해야만 했다. 이를 본 어머니는 한국행 비행기 티켓을 주신 것이다. 아무것도 준비되지 않은 우리 가족에게 남편은 노점을 시작하고 십 년이 되어도 반듯한 가게 하나를 얻지 못하였다. 그는 장사할 줄을 모르는 사람이었다. 그것이 어머니의 아픔인지도 모른다. 남편이 낭비벽이 있어서 돈을 저축하지 못했던 것은 아니다. 그보다도 남편은 저축할 줄을 모른다. 그것이 정답이다. 그러한 남편을 알기 때문에 나는 장사를 하면서 여유자금을 조금씩 모아 놓고 있었는데 그 돈이 어느 정도 모이자 우리가 장사하는 바로 앞에 가게에서 나에게 사업체를 넘겨주겠다고 하여 나는 그 가게를 인수했다. 얼마 지나지 않아 우리 가게 바로 옆에 맥도날도가 오픈한다고 하여 정말 기뻤었는데 빌딩을 모두 헐고 새롭게 꾸미는 데만 일 년이 넘게 걸렸다. 그러던 중에 옆 가게를 통하여 벽을 허물고 도둑이 들어와 우리 가게의 물건을 모두 훔쳐 가버린 일이 벌어졌다. 보험도 들지 않고 있던 나는 가게 문을 닫아야 했다. 남편 모르게 모은 돈이지만 그것마저 하나님은 허락지 않으셨다.

나는 한 주에 3백 불을 벌어야 했다. 어디에서 아이들 음식을 마련하며 자동차 운영이며 도무지 계산되지 않는 수입인데도 남편은 모든 것을 나에게 맡기고 훌훌 떠나버렸다. 남편이 떠난 후에 아이들을 잠재우고 조용히 교회에 갔다. 물론 자정쯤이었다. 다른 기도가 나오지 않았다. 교회 강대상 앞에는 언제나 나의 기도의 자리였다. 꿇어앉자마자 "하나님! ..." 외마디 부르짖음은 통곡이었다. 새벽이 되도록 하나님만 부르짖고 울고 울어 통곡의 밤을 보내었다. 새벽이 되어 실컷 울고 일어나서 아이들 학교를 보내기 위하여 퉁퉁 부은 얼굴로 돌아와 아파트 문을 열고 들어가니 바닥에 흰 봉투 하나가 있었다. 열어보니 5백 불이 들어 있었는데 아파트 렌트비가 들어 있었다. 나는 하나님께 감사했다. 밤이 새도록 하나님께 떼를 썼더니 하나님은 즉각 응답하셨다. 지금까지 누가 그 돈을 나에게 주었는지 나는 모른다. 아이들은 나의 얼굴을 보지도 않고 조용히 학교에 갔다. 아빠가 없으니 아이들도 마음이 서글펐다. "엄마, 안녕!"

하며 나의 뺨에 뽀뽀해주던 아이들은 오늘은 말없이 고개를 숙이고 나간다. "잘 다녀와! 엄마는 괜찮아." 하고 등을 두드려 주곤 스쿨버스 타는 곳까지 바래다 주었다. 큰아이는 나를 한번 힐끗 보곤 말없이 학교 버스에 올랐다. 아이들의 버스가 떠나는 것을 보고 나는 다시 드롭 샵에 나가 일을 시작했다. 아이들 때문이라도 강해져야 한다고 마음으로 다짐하며 하나님께 더욱 기도로 매달렸다. 나의 살길은 아니 아이들과 함께 살아남으려면 내가 더 지독해야 한다. 그러기 위해서는 아이들 앞에 눈물을 보이지 말자. 그래야만 아이들이 밝고 명랑하게 자랄 수 있다. 엄마가 있으면 된다는 긍지를 가지며 "아빠는 공부를 마치면 돌아올 것이야. 목사님이 되어 돌아올 거야."라고 아이들을 타이르면서 용기를 주었다. 아이들은 하나님 다음으로 나의 전 재산이자 나의 희망이며 나의 사랑의 전부였다. 아이들도 얼마 후 힘을 얻고 열심히 공부 했으며 나는 아이들이 나쁜 길로 가지 않도록 집에는 티비를 두지 않았고 학교에서 돌아오면 숙제하고 성경 말씀을 읽게 했으며 중요한 구절을 한 구절씩 암기하도록 숙제를 내어 주었다. 내가 일을 마치고 돌아오면 숙제에 대해 체크를 하는데 학교 숙제보다 성경 숙제를 더 많이 살폈다. 대체로 아이들은 성경 말씀을 잘 암기했고 암기하지 못하면 손바닥을 벌려 두 대나 때로는 다섯 대까지 맞아야 했다. 큰 아이는 정직하고 착해서 잘해 주고 있었는데 작은 아이는 동내 개구쟁이와 놀기 좋아해서 가끔 숙제하지 않아 매를 맞았다. 그러나 아이들이 성경책 전 권을 통독하는 것을 네 번씩 했는데 작은아들이 그것을 자랑스럽게 말해서 참으로 대견스러웠다. 작은아들이 국민학교 4학년 때였고 아버지처럼 목사가 되겠다고 담임목사님이 심방 오셨을 때 대답하던 아들은 고등학교를 졸업하고 나서 군대에 지원하기를 원했다. 나는 반대 하였으나 그러면 집을 나가겠다고 하여 삼 년이면 충분하겠다고 생각하고 삼 년만 하고 다녀오라고 약속하고서 군에 입대했다. 나는 아들의 소식을 들을 수가 없어서 먼데 하늘을 바라보고 무탈하기를 하나님께 기도하고 있었다. 하나님은 나의 기도를 외면하지 않으셨다. 내가 일하는 가게에서 나를 풀타임으로 일하게 하여 주 5백 불의 수입이 있게 해주어 나는 모든 생활에 어려움이 없이 잘 끌어가게 되었고 조금씩 돈을 모아 남편이 떠난 지 2년 만에 작은 나의 드롭 샵을 하나 할 수가 있게 되었다. 물론 나의 친구 목사님 사모님이 운영하시던 가게로 싼 가격에 얻을 수 있었다.

어려움은 계속되었다. 더 많은 기도가 필요하게 되었다. 집과 가게의 거리는 한 시간가량 달려야 하는 거리였는데 자동차는 아주 많이 낡아서 운전하고 가는 중에도 시동이 꺼질 때가 많아 매번 어려움을 겪어야 했다. 가게는 대단히 위험한 지역에 있어서 기도에 더욱 힘썼다. 하루는 덩치 크고 우람하게 생긴 흑인이 들어와 소리 질렀다. "너 여기서 나가. 난 차이니즈가 싫어!"라고 하기에 "난 네 친구야. 네가 옷을 세탁하려고 오면 반값을 받을게. 그 대신 너만이야 알았지?" 그는 씨익 웃곤 나가더니 다음날 쓰레기 큰 백에 옷을 가득 채워 가지고 왔다. 나는 약속대로 세탁비 반값을 받고 정성껏 해주었다. 그는 아주 흡족해서 "정말 너는 내 친구야. 누가 너에게 덤비면 내가 혼내줄게." 그러곤 그는 자주 나의 가게에 들러 옷과 수선하는 일을 많이 가지고 와서 위험 지역을 훈훈하게 만들어 준 친구가 되었고 나의 가게 수입도 그로 인하여 좋아지고 있었다. 그러나 나는 먼 길을 드라이브하며 가야 했고 폐차 상태의 차를 몰고 다니다 보니 늘 위험이 도사리고 있었다. 하루는 자동차를 정비하고 기름을 가득 채워 집으로 돌아오는데 드디어 놀라운 일이 일어나고 말았다. 2차선 만이 있는 길에서 자동차에서 연기가 나는 것을 느꼈다. 집이 가까이 왔으니 조금만 참아야지 하고 신호등 앞에서 대기하는데 그 시간이 러쉬 아워라 도로에 자동차가 많이 밀렸다. 나는 조바심이 났고 자동차에서는 계속 연기는 나고 기름 타는 냄새가 더욱 진하게 나며 연기도 짙어져 어찌할 바를 몰랐다. 가슴이 두근거리는

데 바로 뒤차에 정차해있는 사람이 뛰어와서 "너 빨리 뛰어내려라. 네 차에 불이 났다!"… 황급히 내려 자동차 밑을 보니 불이 활활 타고 있었다. 순간 나의 뒤에 정차된 자동차를 보니 아득히 신호 대기를 하는 차들이 많이 있었다. 나는 그때 체면 불고하고 풀밭 땅바닥에 엎드려 울면서 기도하기 시작했다. "주님 내차 불타는 것은 용서하시고 저기 길게 정차된 저 자동차와 운전자들과 저기 앞에 있는 아파트에 불이 나면 나 감당할 수 없으니 주님 불 꺼 주세요!" 한참이나 엎드려 울고 있는데 너무나 조용했다. 눈을 뜨고 일어나보니 그 많던 자동차는 한 대도 없고 나의 자동차만 덩그러니 있는데 바라보니 자동차에 불은 꺼져 있었다. 나는 "주님 이왕이면 집에까지 가게 해 주세요." 시동을 거니 문제없이 잘 걸렸다. 거짓말같이 깨끗이 고쳐 주셨다. 집 앞에 있는 주유소 내 정비소에 가서 나의 자동차를 보이고 잘못된 것을 고쳐 달라고 했다. 점검하더니 아무 이상이 없다고 한다. 다음날 자동차 정비사인 남편의 동생에게 전화해서

"삼촌, 어제 내 차에 불이 나서 꺼졌어요."라고 말했더니 삼촌 왈 "내가 자동차 정비를 이십 년간 했어도 그런 소리는 처음 들어봐요. 형님이 안 계시니 형수 혹 정신이 이상해진 것 아니요?" 실제 상황을 보지 않았으니 그럴 수밖에 없을 것이다. 그러나 나만 본 것이 아니라 그곳에 정차된 모든 차량이 보았고 이는 사실이다. 주님은 나의 기도를 들으시고 즉각 이 문제를 해결해 주신 것이다. 아멘.

낡은 차로 먼 길을 운전해 가는 것은 생명을 담보로 해야 했다. 하루는 눈이 많이 왔던 날 여느 때처럼 자정부터 시작한 기도는 새벽 4시에 끝났고 집으로 가는데 밤사이 눈이 많이 내렸다. 좀 걱정이 되긴 했지만, 아이들이 깨기 전에 집으로 돌아가야 했다. 조심스럽게 운전해 가지만 타이어가 좋지 않아 눈길에 미끄러지기 시작했다. 그런데 저 앞에서는 버스가 오고 있지 않은가. 자동차는 이미 미끄러져 버스 앞으로 들어가고 있었다. 충돌하기 일보 직전에 나는 핸

들을 반대 방향으로 꺾었다. 자동차는 도로 건너편으로 미끄러져 갔고 소방 소화관 앞에 부딪히고 자동차는 멈추어 섰다. 가슴이 서늘한 정도를 넘어 등줄기에 진땀이 흘렀다. 하나님께서는 앞으로 달려오던 버스를 움직이지 않게 하셔서 나는 아무 사고 없이 무사히 집으로 돌아오게 하셨다. 이런 일은 비일비재하게 일어났다. 어느 날 교회에서 기도를 마치고 집으로 돌아오는데 브레이크가 듣지 않았다. 길은 비탈길에 굽은 길이었다. 어떻게 해야 할지 나는 하얗게 질리기 시작하였다. "주님 어떻게 하지요?" 나는 주님께 매달렸다. "내가 다치는 것은 어쩔 수 없지만 다른 사람 다쳐서는 안 됩니다. 주님, 도와주세요." 그때 저기 커브에 있는 전신주에 박아야겠다고 생각하고 전신주를 향해 달려가기 시작했다. 간신히 전신주 앞에서 자동차는 멈추고 있었다. 왜 이런 차를 몰고 다니느냐고 말하겠지만 내가 자동차를 살 돈이 없으니 이러한 차를 가지고라도 가게까지 갈 수 있는 것이 감사하기 때문이었고 가게까지 길이 멀어 버스도 없고 더욱이 전철도 없는 곳이니 생명을 담보로 이 자동차도 감사하게 생각하고 타고 다녀야 했다. 그뿐이랴. 가게까지 가려면 하이웨이로 가야 하는데 고속도로에서 달리다가 중간에서 시동이 꺼져 난감할 때가 한두 번이 아니었다. 이럴 때일수록 나는 침착해진다. 재빨리 비상등을 켜고 뒤 차에 신호를 준다. 그들은 나를 피하여 가는 것이다. 나는 다시 시동을 걸고 시동이 꺼지지 않게 하기 위하여 엑셀러레이터와 브레이크를 동시에 밟고 천천히 운전해 나간다. 물론 비상등을 켠 채로 드라이브해 나간다. 남편이 목사 안수를 받고 돌아오기까지 사 년은 이렇게 생활해 나가야 했다. 주님의 특별한 은혜가 아니면 어떻게 견딜 수 있었을까. 지금도 그때 일을 생각하면 주님의 각별한 은혜가 깊이 느껴진다.

기도 생활

　나의 기도 생활은 한밤중이었다. 아이들이 잠자는 시간에 기도하였는데 나는 통성기도를 하므로 교회에서 홀로 철야기도를 하게 되었다. 기도하는 동안 방언 기도를 하게 되었는데 처음은 의아하여 중단하고 하지 않으려고 하니 주님의 음성이 들려왔다. "너에게 주는 방언이니 의심하지 말고 계속 방언으로 기도하라."고 하셨다. 나는 그때부터 방언으로 기도하게 되었는데 처음에는 무슨 뜻인지 몰라서 방언과 우리말과 병행하여 기도하니 뜻을 알 수 없는 기도로 마음이 답답하여 방언 기도를 중지하고 통성기도를 하고 있으니 문득 누가 옆에서 듣는 것 같은 느낌이 들어 자꾸 기도 중에 일어나서 교회를 한 바퀴 돌고 다시 제자리로 돌아와 기도를 계속하였다. 교회는 제법 큰 교회인데 전기를 켜지 않고 캄캄한 교회당을

한 바퀴 돌게 되니 눈을 감고 돌아다니니 교회의 의자에 부딪히기가 일쑤였고 넘어지지 않는 것이 다행스러웠다. 주님은 나에게 방언을 이해할 수 있는 지혜를 주셨다. 그때부터 기도하는 기쁨이 생겨나니 열심히 기도하는 것이 나날이 즐겁고 뜨거워졌다. 드디어 방언 통변 은사를 받게 되어 방언 기도를 통해 내가 알지 못하는 기도를 하는 뜻을 알게 되었다. 방언 기도는 세계의 움직임을 알게 하셨고 그것에 대해 기도를 하게 하셨다. 기도는 더욱 뜨겁게 불타올랐고 하루 4시간 기도하던 것도 모자라 틈나는 대로 기도하는데 하루 24시간도 부족했다. 나의 눈에 보이는 모든 것들 내가 만나는 모든 사람을 위하여 기도하였다. 그분들은 내가 자기들을 위하여 기도한다는 것을 모를 것이지만 나는 마음속으로 성령으로 무시로 기도하게 되었다. 꿈에서도 기도하는 자신을 발견하게 되었고 기도하는 것이 얼마나 기쁜지 기도하지 않는다면 그 기쁨을 마귀에게 빼앗길 수밖에 없어 잠시도 기도하는 마음을 놓칠 수가 없었다. 하루는 가게 앞으로 미친 여자가 소리 지르며 지나가고 있었다. 유심히 나는 그녀를 바라보았다. 그녀는 노숙자였고 머리는 헝클어지고 옷은 남루하고 풍뚱하고 어느 정도 나이가 많은 것 같았다. 그녀는 매일 나의 가게 앞에서 소리를 지르며 온 동네를 쩌렁쩌렁 울릴 만큼 목소리 거인이었다. 나는 그녀를 위하여 기도하고 있었는데 어느 날 그녀가 나의 가게 안으로 들어왔다. 기회는 왔다 하고 나는 그녀를 붙들고 "귀신아, 이 여자에게 떠나라고" 예수님의 이름으로 명하고 나서 예수님을 믿어 구원받으라고 말하고 그녀에게 얼마의 돈을 주어 보냈다. 그다음 날부터 그녀는 아무 곳에서도 보이지 않았다. 사람들에게 물어보아도 아무도 그녀를 보았다고 말하는 사람은 없었다. 그 이후도 소식이 없으니 알 수가 없었다. 그런데 이상한 일은 또 일어나고 있었다. 가게에서 창밖을 바라보니 완전 마귀 얼굴을 가진 백인 남자가 나를 노려보고 있었다. 나는 그의 얼굴을 보는 순간 소름이 일어나서 피가 거꾸로 서는 느낌을 받았다. 순간 나는 저 마귀 형상을 지닌 미친 자에게 영적으로 잡힐 수가 없다는 생각이 들어 예수님 이름을 부르며 그를 정면으로 노려보고 마귀를 쫓아 내었다. 그의 눈에서도 마귀의 불꽃이 튀어나왔고 나는 그의 눈을 쏘아보고 예수님 이름을 부르며 그를 노려보았다. 아마 2분 혹은 3분 동안 서로 노려보며 영적 싸움을 했다. 얼마 후 그는 고개를 떨구고 지나갔고 나의 온몸에는 진땀이 흐르고 있었다. 이후로는 그 남자는 나의 가게 앞을 지나갈 때는 고개를 푹 숙이고 나의 얼굴을 피하고 지나갔다. 영적인 싸움에서 예수님의 승리를 보았다. 내게 주신 은혜가 얼마나 큰지 나는 감사했고 기도의 열정은 더욱 불타올랐다. 주님은 나에게 영적인 은사를 주셨는데 영적 분별력을 주셔서 성령을 받은 사람과 받지 못하면서 예수님만 아는 지식의 사람을 분별하게 하셨다. 그러나 나는 더욱 겸손해야 했던 것은 은사를 받았다고 해서 함부로 표현해서도 안 될 것은 오히려 사람들을 시험에 들게 하여 마귀의 시험에 빠지게 하므로 기도하는 사람일수록 은사를 선물로 받은 사람일수록 겸손해야 주님이 더욱 은혜를 주실 것이다. 많은 기도의 동역자 중에도 은사를 받은 사람들이 많다. 그중에서 은사를 겸손히 사용하지 못하므로 물의를 일으키는 사람도 때로는 만나게 되기도 한다. 그런 사람 중에는 잠시 사용하시다가 중단하시는 것을 볼 수가 있었다.

하나님은 우리들과 서로 대화 나누시기를 원하신다. 우리들의 호소를 들으시고 응답하시고 우리들의 모든 부분을 가르치시고 인도 하신다. 그래서 하나님은 어떤 부분보다 하나님께 무릎 꿇고 기도하는 사람을 사랑하신다. 우리가 부모와 대화가 없으면 무슨 기쁨이 있겠는가? 우리들 가족에게도 대화를 통하여 사랑하며 서로의 필요를 느끼면서 함께 하게 되는 것이다. 하나님은 우리의 생명의 주인이시고 세상 만물을 만드신 창조주이시다. 하나님께서 우리에게 명하신 것은 우리가 서로 대화 나누기를 원하시며 생명의 주인 되심을 기억하고 경배받으시길 원하신다. 이 단순한 사실을 우리는 우리 자신의 욕심에 취하여 생명의 주인이신 하나님을 망각하고 자기의 뜻대로 살아가며 부패한 인생이 되고 만 것이다. 우리가 어떻게 믿고 있느냐에 따라서 그 사람의 신앙이 형성된다고 생각한다. 창조주 하나님을 나의 축복의 도구로 사용하든지 아니면 기도 응답의 종으로 부리든지 자기 생각대로 하나님을 자신의 목적의 도구로 사용하는 사람들이 입술로만 믿는다고 하는 삶을 살 수 있음에 나를 비롯하여 우리 모든 신자는 경각심을 가져야 한다.

　나는 지금도 말씀을 전할 때가 종종 있다. 믿는 자로 여긴다고 절대 천국에 들어갈 수가 없다고 생각한다. 성령으로 거듭나야 천국에 들어간다는 말씀을 강조하고 있다. 현재의 교회에서는 이 말씀을 전하는 교회가 몇이나 되는가 말이다. 우리는 죄악으로 말미암아 영원히 죽게 된 인생이다. 죄악에 대해서도 무엇인지도 모르는 사람들이 대부분이다. 자신의 죄악에 대하여 아는 사람은 바로 예수님을 구주로 믿는 신자들인데 예수님이 우리의 죄를 사하시기 위하여 오신 뜻을 얼마나 많은 교인이 자신의 죄로 인함인지 깨닫는가 말이다. 몇 해 전 어느 교회의 회계 장로였던 분이 자살했다는 소식을 접할 때 나는 참담하기 이를 데가 없었다. 그런 사람이 어떻게 장로의 직분을 가졌으며 어떻게 예수님을 믿었느냐 하는 것이다. 그렇게 대형교회에서 이런 일이 일어나고 있음에 대하여 우리 모두 다시 신앙에 대하여 자성하고 회개를 촉구해야만 한다. 물론 그 교회 목사님의 잘못이 크다고 봐야 한다. 목사님과 함께 신앙생활을 해왔던 분이라면 목사님에 의해서 잘못된 신앙의 관계가 형성된 것으로 봐야 할 것이다. 외면으로 존경받고 훌륭하면 무엇하나. 자기의 가장 신뢰해야 하는 사람으로부터 신앙의 배신감을 느끼게 했다면 얼마나 조심하며 두려워하며 예수님을 섬겨야 하는지를 잘 깨닫게 해야 한다. 이러한 현실을 목격할 때마다 참담한 느낌을 지울 수 없다. 교회 안에 세상의 죄로 가득하게 된 비극적 현실 앞에 나는 가슴에 생기는 통증을 참을 수가 없다. 예수님의 십자가 죽으심을 이렇게 경홀히 대하는 것이 주는 그 아픔이 더욱 나를 슬프게 한다.

　예수님은 우리 인생의 죄를 사하시기 위하여 하나님께서 인간의 몸을 입으시고 동정녀 마리아의 몸에서 성령으로 잉태하셔서 인간의 고통을 친히 체휼하신 분으로 죄 없으신 참 인간이며 동시에 참 하나님이시다. 삼 년 동안 병든 자를 고치시고 귀신을 쫓아내시고 마귀에게 시험을 이기신 예수님은 십자가에서 손목과 발목에 큰 대못이 박히시어 고통을 당하시면서도 우리의 죄를 사하시기 위하여 다 이루었다고 큰 소리로 외치시며 하나님의 뜻을 완성하시고 돌아가셔서 하늘 보좌에 앉아계셔서 오늘도 우리를 위하여 기도하시고 함께하는 자들에게 죄에서 구원하시는 예수님을 믿는 자는 하나님의 자녀가 되어 영생을 누리게 하시는 그 하나님의 뜻은 단지 예수님을 믿는 것이다. 바로 우리의 구원의 주님이신 것을 믿기만

하면 되는 것인데 너무 쉽고 단순하니까 오히려 믿어지지 않는 인생들이라는 것을 이용하여 마귀는 할 수만 있으면 믿는 자를 미혹하여 천국으로 가는 것을 막고 지옥으로 떨어뜨려 영원히 고통을 당하도록 인생을 죄악으로 쉴 새 없이 미혹하고 있다. 이러한 구원의 소식을 성경에서가 아니면 우리가 어디에서 알 수가 있으며 성경은 우리 영혼이 천국 가도록 확실히 인도하는 길이요 등불이다. 진리로써 오직 예수님만이 구원의 길을 열어놓은 곳은 세상 어디에서도 어느 경전 어디에서도 찾을 수가 없다. 예수님 외에는 그 누구도 어떤 신이라도 영혼을 구원할 수가 없다는 것을 알아야 한다. 하나님은 살아계셔서 우리를 눈동자와 같이 적자와 같이 지키시는 분이시다. 나는 감히 말한다. 하나님을 경히 여기지 말자. 두렵고 떨리는 마음으로 섬기며 경배를 드려야 한다. 마귀를 섬기는 자들을 보자. 얼마나 지독하게 섬기게 하는지 우선 불교 신자들을 보고 절에 중들을 보면 알 것 아닌가. 그들이 그렇게 열심히 믿고 도를 닦아도 결국은 헛된

일인 것을 죽음을 앞에 두고 후회하는 것을 보았다. 내가 기도를 열정적으로 하며 열심을 내어 무시로 성령 안에서 기도하는 중에도 그렇게 마귀가 찾아와 나를 미혹하려고 했다. 우리는 마귀를 쉽게 생각해서는 안 된다. 하나님의 말씀에 순종치 않고 기도하지 않고 예배와 찬송을 드리지 않는 자들에겐 자기 뜻대로 살도록 유혹하는 것과 술과 마약에 취하며 방종과 음란으로 자기 몸도 버릴 뿐 아니라 점점 더 죄악의 늪에 깊히 빠져 나오지 못하게 한다. 하나님이 지으신 인간을 파괴하여 지옥에서 영원히 고통받게 하는 것을 목적으로 삼는다. 오늘날 교회가 파괴되고 현실과 교인들의 타락을 보고 경각심을 가져야 할 것이다. 내가 천국에 올라가 예수님이 손을 내밀어 나를 이끌어 가실 때 내미신 손목에 큰 대못이 박힌 못 자국 구멍이 크게 나 있음을 보았다. 그리고 나를 데리고 성소에 들어가셔서 천사들이 우렁차게 한목소리로 찬양하는 찬양은 이 땅에서 들어보지 못한 찬양이었던 것과, 하나님은 위에서 내려오는 오색 찬란한 빛으로 응답하셨던 것들과, 내가 성소 앞 제단 앞에 엎드려 기도하는 자신의 모습을 보여 주신 일들과, 나를 데리고 지옥문 입구에 가셔서 주님은 "너는 나가서 사람들이 이 지옥에 오지 않도록 나의 복음을 전하라."고 말씀하셨던 일들을 나는 지구의 나의 침실로 돌아온 후 이 기적 같은 사실을 겪고 나서 복음의 말씀을 전하기 위하여 신학을 전공하고 목사가 되었다. 이처럼 다른 사람들이 보지 못하고 듣지 못하는 주님의 음성을 들었는데도 나는 미련하게도 한 가지 나의 미련한 욕심이 있었는데 나 혼자서 복음을 전하는 것보다 온 가족이 신학을 전공하고 목사가 되어 복음을 함께 전해야겠다고 욕심을 가져도 죄가 되지 않는다고 생각하고 남편은 한국에서 총회신학교를 졸업하고 목사가 되어 개척교회를 하고 큰아들은 웨스트민스트 신학교를 졸업하고 목사가 되어 목회하고 그다음으로 내가 목회를 하여야 한다고 여겨 온 가족이 목회자인 가정을 꿈꾸고 있었는데 하나님의 뜻은 그 일은 하나님께서 하실 일로 내게 맡기신 사명을 다하지 않고 욕심을 내고 있는 그 죄 자체가 죄가 된다는 사실을 한참 후에야 알게 되었다. 나는 미국 유나이티드 신학교를 졸업하고 목사가 되었는데 이 신학교는 아주 보수주의 신학교라 여자 목회자를 세우지 않아 선교 목사로서 안수를 받았다. 하나님의 뜻에 의하지 않는 모든 생각과 자기 뜻에 의한 것에는 하나님의 일이라 할지라도 죄악인 것은 순종이 제사보다 낫다는 주님의 말씀에 순종이 무엇보다 최우선 순위라는 것을 잊은 것이다. 하나님 안에서 기도하고 교회 생활과 봉사하는 것과 순종하는 생활 가운데 신앙이 자라가야 한다는 것이 하나님의 뜻이었다. 나만큼 기도 속에 살고 온 가족이 목회자의 길을 가고 있다고 하여도 하나님의 뜻대로 순종하지 않는 생활은 비록 주님을 위하여 일한다고 할지라도 죄를 범하는 것임을 나중에야 깨닫게 된 것이다. 마귀는 이러한 방법으로 믿는 자를 미혹해 가고 있다. 나의 욕심은 나를 위한 것이지 하나님을 위한 것은 아니다. 지금까지 살아오는 동안 나는 주님을 위하여 일하고 살아왔다고 생각한 나의 뜻은 그것이 하나님 안에서 일한 것이며 주님이 원하시는 일들이라 믿었던 것에 묻혀 자꾸 죄악의 길로 가고 있었어도 나 자신은 모르고 있는 우둔함이 일어나고 있었다. 가족 중에 두 사람이 복음을 전하고 있으니 나는 좀 쉬어도 된다고 생각했던 것도 조금은 쉬어도 괜찮다고 생각하도록 마귀는 나를 유혹하기 시작했고 그러한 유혹은 기도의 열정도 점점 식게 만들었고 가게를 경영하여 재정을 관리하다 보니 가게 운영으로 만족감을 느끼게 했다. 재정적인 책임을 전적으로 내가 담당하고 남편과 아들 복음 사역에 어려움이 없기를 바랐던 것은 큰 오산이었다. 어찌 받은 은혜인데 이처럼 헌신짝처럼 버릴 수가 있단 말인가? 일이 많아지자 몸과 마음이 피곤하여지고 기도하는 시간이 줄어들고 남편은 나름대로 기도하고 열심을 가지고 하는 데도 그리 쉽지 않았다. 신학생 시절에 기도 굴에 들어가 열심히 기도하던 남편은 병 고치는 은사로 교인들의 병도 고치고 귀신도 쫓아 내기도 하였는데 미국에 와서 남편은 교회에서 아무것도 이루어 내지 못하고 교인들만 흩어지게 하였다. 드디어 교인들은 내게 항의하기 시작하였고 금요기도회라도 열어 달라고 했다. 교회는 한 분 담임목사님 영도 아래 운영되어야 한다고 고집을 부리고 거절했다. 교인들은 모두 떠나고 몇 사람만 남았다. 남편도 고집이 센 사람이라 아내의 말을 듣지 않는다. 나는 그 성격과 부딪히기 싫어서 전적으로 남편에게 교회 일을 맡기고 나는 가게 경영에만 신경을 썼다. 내가 금요 철야 예배를 인도하게 되면 남편은 반드시 자기 이론을 펼치려고 하고 나는 영 분별 은사가 있어서 남편이 하는 일과 합심하여 일을 이루지 못하면 더욱 불협화음이 생기게 되어 결국 주님의 사역이 아니라 막장 드라마가 될 판이라 나는 조용히 뒤에서 사모의 역할만 하면 된다. 혼자 잘하면 자신에게 성취감이 있지만 서로 화합을 이루지 못하면 서로의 잘못이라며 갈라서게 되는 것이 목사 부부에게 일어나는 일들을 많이 봐 왔던 터였다. 교인들의 부탁을 웃으면서 거절한 이유가 여기 있었다.

일상생활에서도 남편과 나는 대화가 전혀 통하지 않는 우리는 무조건 자기에게 순종을 요구뿐인 부부인데 하물며 목회 사역에 동참 된다면 교인들에게 상처를 주는 일들만 보일 뿐이므로 나는 그냥 웃음을 머금고 목사님 한 분에게 은혜를 받을 수 없으면 할 수 없는 일이라며 나는 목사지만 사모로써 나의 직분을 감당하겠노라고 거절했다. 물론 그들의 요구가 잘못된 것은 아니었다.

남편이 한국에서 신학을 공부할 때는 나는 기도 생활이 뜨겁게 이루어졌고 이것을 안 어느 교회 집사님의 한 분이 나에게 찾아와 자기 집에서 가정예배를 드려 달라고 하여 나는 가게 일을 마치고 집사님 집에 가서 예배를 드렸다. 집사님은 나에게 다음 주에도 와서 예배를 드려달라고 부탁했고 그다음 토요일에도 집사님 집에 예배를 드리려 갔을 때는 벌써 다른 사람을 초청해서 함께 기다리고 있었다. 예배와 기도는 뜨거웠었고 계속되는 토요일 집회는 점점 더 많은 사람이 모여 기도하며 예배를 드리게 되므로 남편이 목사 안수를 받고 돌아올 때까지 예배는 계속됐고 그분들은 나의 남편이 목사가 되기 위해 신학을 공부한다는 것을 알고 남편을 초청해서 말씀을 듣기로 했다. 이윽고 그분들과 교회 창립을 의논하게 되었고 교회 이름이 "예루살렘 교회"로 선포되었다. 창립 예배를 드리게 된 것이다. 교회 창립 후에는 나는 남편의 뒤에서 사모의 역할만 해왔다. 개척교회의 사모 역활은 기도 생활과 친교를 위한 음식 제공이며 때로는 베이비시터도 해야 한다. 목회자의 뒷바라지는 모두 사모가 담당해야 했다. 개척교회 목회는 목사에게 사례비가 없으므로 생활 경제 문제도 책임져야 해서 이중고를 져야 하는 희생정신이 없으면 목회를 할 수가 없다. 그런 와중에 나에게 금요 철야기도회를 열어달라고 부탁할 때는 나의 몸은 천 갈래 만 갈래로 찢겨나가는 것 같았다. 남편과의 불협화음으로 내가 그것을 인도한다는 것은 오히려 교인들에게 상처를 주는 일이라는 것을 알았기에 나로서는 거절이 가장 적합한 대답이었다. 이에 불만족이던 교인들은 자꾸만 한두 명씩 빠져나갔고 나도 그냥 바라보고 있으니 남편은 나에게 협조를 안 한다고 불평하기 시작했다. 남편과 나는 목회하는 방법이 서로 다르므로 오히려 남편을 좋아하는 교인들과 목회를 운영하는 것이 현명할 것 같았다. 교인들이 말씀을 받는 성향이 윤리 도덕을 지향하는 목사님의 말씀과 성령 충만의 영적 중심의 말씀을 지향하는 나와는 서로 다르나 그것을 절충하면 좋은 조화를 이룰 것이지만 남편 목사님은 나보다 자신을 더 따르기를 원하고 목회의 중심에 서고자 했다. 한 교회 안에서 비슷한 성향의 교인들이 주축이 되어 자기가 좋아하는 목사님과의 말씀으로 교회가 은혜로워지면 오히려 모두에 덕이 될 것으로 보고 뒤로 물러나 있었다. 물론 우리 교회는 내가 기도회를 인도하며 하나님의 은혜를 받았던 사람들이기에 목사님의 말씀 사역에 기도를 더하고자 나에게 철야기도회를 열어달라고 부탁했다. 결국 교회는 어려워진다는 것을 알고 있었다. 어차피 불평이 있게 될 바에야 나는 사모로서 역할을 해야 했고 물론 경제적인 부분도 담당해야 했으니 나로서는 쉬운 길을 택하고 싶은 것도 있었다. 교회가 어렵게 된 것은 목사님의 목회가 잘못된 것도 아니고 내가 금요철야기도회를 열어주지 않은 것도 아니다. 우리가 목회를 시작하고 그만큼 기도 생활이 게을러졌다는 사실이 큰 이유이다.

성령 운동은 여기 필라에서는 장로교 중심의 교회요 목사님들이기 때문에 나를 사이비 혹은 이단시하고 있어서 대단히 냉혹한 시선을 받아야 했다. 그러나 지금껏 기도 생활 가운데 내게 임한 성령의 역사는 누가 무어라던 엄연한 사실임을 이곳 교회의 목사님들도 알고 있었고 방언 기도를 하며 병 고치며 귀신을 쫓아 내는 영적 은사가 많다는 것을 곧 이단시하여 나를 배척하고 있었으며 지금도 몇몇 목사님들은 은근히 나를 두려워하고 있었다. 영 분별의 은사가 있어서 영적인 눈을 가졌다 하여 나를 멀리하고 있었다. 모든 목사님 다 그런 것은 아니지만 대체로 여기 웨스트 민스터 신학교이나 한국 총회신학교를 나온 목사님들은 더욱 그러했다. 그들은 점잖은 윤리와 도덕과 사랑과 축복의 말씀으로 설교하시는 분들이다. 나와 같이 성령 운동하는 집회는 반드시 이단으로 지목하고 배척하지만, 남편의 설교나 목회는 환영하는 것이고 지지하는 편이다. 이제 조용히 있는 것이 옳은 일일 것이다. 하나님은 "일어나 빛을 발하라고" 말씀하고 계시지만, 나는 하나님의 일을 하지 않고 조용히 있었다. 오래도록 기다리고 참아오신 하나님은 아직도 아무것도 하지 않는 나를 책망하셨다. 나는 드디어 난소암 선고 받았고 이미 천국에 가서 주님을 만났으므로 이대로 주님 품으로 돌아가고 싶은 마음이 더 간절하여 편안히 수술실에 들어갔다. 8시간 만에 깨어났고 나는 중환자실에 누워 있었다. 키모테라피를 받아야 한다는 병원의 지시를 무시하고 집으로 왔고 일주일 만에 가게에 가서 다시 일해야만 했다. 가게를 누구에게 맡길 수도 그대로 문을 닫을 수도 없었다. 아픈 몸으로 계속 일해야 하는 나는 처음부터 주님이 원하시는 길이 아니었다. 이 고난은 스스로가 부른 죄악의 길이었다. 눈물을 흘릴 여유도 없었다. 경제적인 어려움으로 나는 가게 일을 열심히 해나갈 수밖에 없었다. 금식기도도 잃어버렸고 기도하는 일도 형식적인 일과가 되었다. 결국 가게는 문을 닫게 되고 나는 간병인으로 일을 해야 했다. 가게가 잘 될 때 나는 욕심으로 방이 일곱 개인 큰 집을 샀는데 세금이 워낙 비싸서 그것을 지불하려면 간병인으로서도 일해야 하는 처지였다. 간병인 삼 년이 되자 나는 다시 아프기 시작했고 병원에 입원하고 다시 두 번째 암이 재발하여 치료받기 시작했다. 지금 재발 암 삼 년이 되고 있다. 나는 하나님의 명하신 일 곧 분명히 천국이 있다는 사실과 천국의 모습과 주님이 성령으로 거듭난 성도들을 기다리고 계시고 불타는 지옥, 엄청나게 영원히 고통을 당하는 곳을 보여주시며 사람들로 하여금 이곳에 오지 않도록 복음을 전하라고 예수님의 명하신 것을 얼마나 오랫

동안 내일로 미루고 오늘까지 왔던가? 나의 순종하지 않은 죄를 회개하면서 더 이상 미룰 수 없어 나는 좀 더 많은 사람에게 이 소식을 전하기 위하여 나의 간증을 글로 소개하기로 했다.

회개의 시간들

마태복음을 읽게 되면서 유독 4장 17절 말씀과 24장 46절에서 47절의 구절이 마음을 뜨겁게 했다. 열심히 기도 생활과 가게 일로 바쁘게 살고 보니 나름대로 주님께 충성하고 있다고 생각하고 있었던 터에 이 구절 앞에 마음이 끓어 올랐다. 나의 안일한 생활에 주님의 회개를 촉구하신 뜻이 이 말씀을 통하여 전달되었다. 아무리 예수님을 주님으로 모시고 죄 사함을 받은 사람으로 주님의 은혜를 크게 받는 자라 하더라도 회개함이 없이는 성령의 충만함에 이를 수 없다. 우리에게 베푸시는 죄 사함은 예수님의 십자가 죽으심으로 아담으로부터 하나님께 순종하지 않은 죄인 원죄를 사하시는 것에 있다. 예수 그리스도를 주라 믿고 구원받은 성도들에게는 자기가 지은 죄에 대하여 주님께 고백하고 회개하여 용서함을 받고 날마다 자신을 돌아보고 죄에 대하여 회개하는 삶을 사는 것이 필요하다. 이는 자기가 저지르는 자범죄를 말하는데 우리가 이러한 죄를 가볍게 여기고 회개치 않는다면 죄에 대하여 하나님께 용서받지 못하고 우리에게 주시는 구속함도 없음을 알아야 한다. "만일 우리가 죄가 없다고 말하면 스스로 속이고 또 진리가 우리 속에 있지 아니할 것이요 만일 우리가 우리 죄를 자백하면 그는 미쁘시고 의로우사 우리를 모든 불의에서 깨끗하게 하실 것이요"(요한1서 1:8-9). 우리 신자들의 기도 생활에서 축복해 주시길 바라는 것만 있고 회개하는 기도를 듣지 못했다. 우리의 죄는 반드시 있는 것이고 그 죄들을 망각하거나 덮어두고 아예 하나님은 모든 것을 회개 없이도 우리의 모든 죄를 용서하셨으니 장래의 지을 죄까지도 용서하신다고 말하는 것은 지극히 잘못된 논리이다. 하나님은 우리의 모든 것들을 세밀히 알고 계신다. 우리의 머리카락까지 세시는 하나님은 졸지도 않으시고 주무시지도 않으시고 지키시는 하나님이신데 어찌 우리의 행위에 대하여 모르신다는 말인가? 우리가 죄를 인정하고 자백하면 하나님은 자비롭고 의로우시니 기쁘게 우리의 죄를 용서해 주신다. 나 자신이 주님과 늘 동행하고 있다고 생각하며 주님 일을 열심히 돕고 있다고 생각하는 그것이 착각이다. "우리는 뒤로 물러가 침륜에 빠질자가 아니요 오직 영혼을 구원함에 이르는 믿음을 가진 자니라"(히브리서 10:36-39). 열심을 가지고 기도하고 사역에 임하고 온맘 다해 주님을 사랑하고 교회 일이라면 나의 모든 중심에서 열정적으로 일하지 않고 좀 더 자자! 좀 더 졸자! 말하며 안일하고 편안함 빠지게 되면 스스로 영적인 일에 뒤로 물러나게 되어 바로 침륜에 빠지게 된다. 결국 이는 나의 우둔함을 이용한 마귀의 미혹에 빠져들게 되어 주님의 말씀을 순종하지 아니하는 죄에 빠지게 된다. 오랫동안 나는 그 유혹에 빠졌다는 사실을 모르고 지내왔고 드디어 회개를 촉구하는 성령의 근심이 내 마음을 집요하게 움직이고 있었다. 하루를 마치고 주님 앞에 엎드려 기도할 때 그 죄를 회개하지 못하는 부분이 많았다. 그것이 모여지게 되니 안일하고 편안한 생활을 원하게 되어 기도도 게을러지게 되었다.

두 번째 회개는 내가 오랫동안 나 자신을 너무 사랑한 나머지 다른 사람에 대하여 인색한 이기적인 나의 모습을 발견하게 된 것이었다. 이는 남편에 의해서 깨닫게 된 사실이다. 남편은 결혼 초기부터 완고했다. 내 앞에 있는 다른 사람의 모습을 보면서 나의 내적인 모습에도 이기성이 내재하고 있음을 주님의 세심한 은혜로 깨닫기까지 참으로 오랜 세월이 걸렸다. 다른 사람에게 매우 친절하고 자상한 남편은 유독 나에게만 전혀 다른 사람으로 다가왔다. 그의 완고함은 대화할 때는 말로써 폭행하는 폭군이라고 해도 전혀 과장이 아니다. 한 번도 아내인 나에게 다정스러운 모습을 보여 준 적이 없었다. 아이들을 보살피는 것에나 가정생활에서도 인색하기 짝이 없었다. 그런데 이러한 남편을 주신 이는 하나님이셨다. 왜냐하면 나는 남편을 얻기 위하여 하나님께 기도할 때 성격이 온유하고 자상하고 사랑이 풍성한 사람을 남편으로 보내 달라고 기도하지 않았고 다만 예수님을 진실히 믿는 사람을 위하여 기도했다. 내가 그와 결혼할 때도 바로 하나님은 내가 기도한 대로 한치도 오차 없이 응답하셨다. 함께 생활하는 동안에도 성격이 맞지 않아 여러 번 이혼을 생각했지만, 남편을 위한 결혼 전 기도로 하나님의 허락하신 짝이라는 것이 틀림없으니 참고 인내하면 하나님의 뜻과 계획을 알 수 있다고 생각했다. 남편의 성격 때문에 참 많이 울었다. 어느새 나는 남편을 미워하고 있었고 그럴수록 남편은 더욱 나와의 대화는 끊어지고 완고해졌다. 그런 남편의 모습에 나는 하나님께 항의하기 시작했다. 내가 둘째 아이를 먼저 하늘에 보낸 후부터 남편을 미워하는 마음은 극에 달하여 하나님께 항의한 이유가 되었다. 도망이라도 가고 싶었지만, 다시 세 번째 아이를 주시므로 나는 하나님의 뜻이 무엇인지 다시 차분히 기도하게 되었고 주님은 나의 기도의 응답으로 "너 자신을 살피라"라고 하셨다. 나는 나 자신을 되돌아보기 시작했다. 나는 어렸을 적부터 건강이 약하다는 이유로 보살핌만을 받아왔다. 나는 부모님에게나 형제에게 무엇을 베풀어 준 적이 없었다. 주기보다 받기를 좋아했고 또 그래야 한다고 생각했다. 그런 가운데 나는 이기적인 성품으로 자라났다. 꿈이 많고 욕심 많은 나의 모습은 곧 나의 성품이 되었다. 다른 사람들이 보기에는 나는 유순하고 순종적이며 협동심이 많은 해 맑은 웃음을 머금고 있는 모습만 보고 사람들은 무척 나를 좋아했다. 그러나 나는 이기심이 많고 인내심이 적은 여자였다. 내가 좋아하는 것들엔 절대로 양보하는 일이 없었다. 내가 좋아하는 것을 얻기 위하여 투쟁해서라도 반드시 성취하여야 하는 여자였다. 나는 내가 원하는 것을 얻기 위해서는 나의 생명을 걸고 한다. 죽기 아니면 살기의 식으로 돌진하는 돌쇠 같은 여자였다. 주님은 나의 내적 치유를 위하여 먼저 남편을 통하여 나를 훈련하셨고 나의 이기심을 버리게 하기 위하여 남편의 완고한 성격에 부딪히게 해서 나의 이기심을 꺾으셨다. 인내심 없는 나의 성격은 남편의 폭군 적인 성격과 난폭한 행동을 통해 참고 인내하게 하셨는데 그 과정에서 항의하는 나를 무참히도 깨뜨리셨다. 도저히 견딜 수 없어 도망하려는 나로부터 사랑하는 아들을 먼저 데려가신 것은 바로 인내심 없는 나 대신 사랑하는 아이를 데려가셔서 나를 깨우치려 하셨다. 그러나 나는 더 완강하게 하나님을 대적하고 회개하기를 거절하였고 하나님은 그런 나의 완악을 보시고 나의 사랑하는 첫아들을 경기하게 하셔서 죽음에 이른 아들을 안고 울부짖고 하나님께 굴복하여 주님의 음성을 듣게 하셨고 아들을 살리시고 주님의 사역을 하도록 약속을 이끄시고 기도하기를 게을리하지 않도록 부탁하셨다. 이 모두가 나의 회개 없는 생활에서 오는 형식적 신앙생활임을 주님은 알게 하셨고 나의 이러한 모습을 바꾸기 위해 나의 세밀한 부분까지 간섭하셨다. 나의 회개의 기도 생활이 시작되었다. 나의 앞에 일어나는 일들을 감사하면서 나의 미약한 부분에 대해 회개하기 시작했다. 남편이 가내공업 하는 중에 16세에서 17세의 세 아이에게 친절하지 못하고 인정스럽지 못했다. 그들의 식성을 알고 풍성하게 주었지만, 의무적인 것이었지 사랑을 베풀지는 못했다. 그래서 그 아이들이 우리와 함께 살았음에도 예수님을 전하지 못했다고 생각한다. 남편은 아이들에게 자상하고 사랑을 베풀고 있었으나 나는 나의 모습대로 완고하고 인정이 없는 메마른 모습을 보여 주었다. 지금 나는 그 아이들의 이름을 부르며 미안하고 죄스러운 마음으로 회개 기도하고 있다.

세 번째 나의 회개는 내가 좋아하는 사람들에게 예수님의 복음을 전하는데 열성적이지 못했다. 물론 그들은 나를 좋아했지만 나는 인간적인 사랑을 주었지, 예수님을 전하는 마음은 적극적이지 못했다. 하나님의 사랑은 아가페적인 사랑이다. 바로 헌신적인 사랑이어야 한다는 것을 알면서도 나는 나의 이기성 때문에 그들에게 인간적인 사랑만을 베풀어 준 것뿐이다.

결과적으로 나는 나의 친정어머니와 그리고 언니들 오빠와 동생에게도 나는 복음을 전하는 일을 더 열심히 해야 했다. 아직도 나를 배척하고 있는 그들의 모습에서 나의 이기적인 사랑을 버리고 헌신적인 사랑을 보여야 한다고 회개하고 있다. 내가 다음에 만날 때는 그들에게 인간적인 사랑보다 더 그들의 영혼을 사랑하는 간절한 마음을 전하는 만남이 되기를 소원하며 아직 행하지 못한 나의 이기심을 회개하고 있다.

사랑의 십자가

 이민 생활은 쉽지 않았다. 더욱이 남편 없는 생활과 아이들을 보살피는 생활은 아이들도 힘들게 했다. 교회에 갈 때 수요예배는 내가 자동차로 데려다주어 함께 예배를 드리는데 금요일은 아이들 성경 공부 참석에 있어서 내가 데려다주지 못하면 가까이 사는 교회 교인이 아이들을 데려다 주는 줄 알았다. 그런데 아무도 데려다 주지 않아 두 아들은 서로 손잡고 교회에 걸어가 예배를 드렸다는 얘기를 시간이 지나고 아이들의 고백으로 듣고 나는 말문이 막혀 두 아들을 물끄러미 바라만 보았지만, 그 때에도 나는 기도하면서 주님 앞에 통곡할 수밖에 없었다. 아파트와 교회와의 거리는 아이들 발걸음으로 걸어서 두 시간이 되는 거리이며 자동차로 30분은 족히 걸리는 거리이다. 아이들은 학교에서 3시쯤 돌아와서는 그 길로 함께 교회를 걸어간단다. "왜 엄마한테 전화 안 했니?"라고 물으면 그냥 "건강에 좋잖아. 엄마!"라고 대답하는 아이들의 생각이 얼마나 대견스러운지 그렇게라도 교회라면 좋아하는 아이들이라 나는 주님께 감사 기도를 드리면서 "보살펴 주소서"라고 기도한다. 나는 주님의 자녀이니 어떠한 환경에서도 눈동자 같이 살펴 주실 줄 믿는다고 기도드렸다. 큰아들은 순종형이라 매번 순조롭지만 둘째 아들은 친구도 많고 운동도 잘하고 참여하는 데도 많아 나는 늘 작은아들에게 마음이 쓰였다. 하루는 작은아들이 "엄마 우리 이사 가자. 우리 전학해줘." 무슨 일이 생겼나보다고 직감했지만 이사라는 것이 쉬운 일 아니고 또 전학은 더더욱 어려워했다. 둘째는 친구들에게 동양인이라는 이유로 완전히 따돌림당하고 있는 것 같았다. 일을 마치고 집으로 돌아가서 보면 둘째 아들은 친구들과 어울려 노는 가운데 있는데 친구들을 보면 질이 좋지 않은 친구들 같아 보였다. 나는 걱정을 많이 하지만 어떻게 할 수가 없었다. 하루는 남편이 화가 나서 둘째를 때리려고 윽박지르고 있었다. 나는 무조건 남편이 아이들을 때리지 못하게 한다. 왜냐하면 남편은 어릴 때부터 익힌 태권도 유단자이기 때문에 그 손으로 때리면 아이가 어떻게 되겠는가? 그러지 않아도 남편의 말로는 자기 동생이 달려들다가 맞아 기절했다는데 화가 나서 아이를 때린다면 그건 말할 것도 없는 일이었다. 나는 아이를 클라젯 옷장 속에 집어 넣고 문을 닫았다. 남편은 문을 열려고 하고 나는 문을 못 열게 몸으로 문을 막고 씨름하는 동안 결국은 남편은 화가 나서 밖으로 나가 버리고 나서야 나는 문을 열고 아이를 꺼내 주었다. 나는 어떤 경우에도 남편이 아이들을 결코 때리지 못하게 했다. 그러지 않아도 남편의 불같은 성격에 화를 내면 아이들에겐 정신적으로 상처를 입히기 때문에 절대로 화내지 못하도록 막았다. 그 성격을 받아 주고 일생을 산 것은 나 하나로 족했다. 다행히도 아이들이 함께 있을 때는 남편은 화내지 않았다. 아이들은 엄마의 잔소리가 많고 성격이 강하다고 생각한다.

나는 아픔이 밀려와 한동안 아무것도 하지 못하고 주님 앞에 기도만 해야 했다. 아들이 군에 입대한다고 집을 떠난 후로 어디에 있는지 어떻게 하고 있는지 얼마나 고통스러운 자리에 있는지 군대라는 곳에 대하여 도무지 알지를 못하고 무작정 기도하고 주님께 매달렸다. 아무것도 알지 못하는 곳으로 아들을 내보내려고 여기까지 오지 않았노라고 생명을 버리는 곳으로 보내야 하는 아들을 생각하고 나는 일하면서 말없이 울어야 했다. 나의 눈에는 눈물이 끊이지 않았다. 어디서 무얼 하는지 알 수도 없고 볼 수도 없는 곳에 보낸 사랑하는 나의 아들에게서 소식을 기다리는 것은 훈련받는 동안은 창공을 향하여 바라보며 부르는 이름 "동현아, 나의 사랑하는 아들아!" 밤마다 아니 시간마다 분초마다 부르짖을 수밖에 없었고 아들을 향하는 나의 마음은 그렇게 기도로 외치고 있었다. "건강하게 하옵소서, 무탈하게 하옵소서. 편안히 돌아오게 하옵소서." 기도에 사력을 다한 것도 이 시기에 멈출 수 없는 나의 애절함이 있었다. 나의 둘째 아들은 사랑이 많은 아이였다. 일하고 돌아오면 "엄마, 너무 일 많이 하면 안 돼."라고 위로하고 엄마를 도와주던 아들이었다. 두 아들 모두 소중한 아들이지만 늘 곁에서 재롱도 부려주던 아들이었으며 엄마에게 항의가 많던 틴에이저 시절에는 나에게 맞기도 많이 했다. 그러한 아들은 고교 시절은 아메리칸 풋볼 선수로 활약하여 그 학교 창립 이후 처음으로 참피언 십을 따온 재원인 아들에게 기대가 컸다. 그 아들이 너무나 보고 싶었다. 일 년 후에 코소보에 있다는 편지를 받고 안심하였고 아들의 늠름한 군복차림의 모습을 보고 난 후 주님께 감사의 기도를 드렸다. 아들이 보낸 소식은 나에겐 일 년이 아니라 수십 년이나 기다림의 소식인 것 같았다. 나는 아들을 위하여 기도했다. 전쟁터가 아닌 후방 안전한 곳에서 근무할 수 있게 되기를 기도했다. 아들은 다시 전쟁터가 아닌 모병관으로서 교육을 다시 받고 모병 부대에서 특별한 군인으로서 잘하고 있다는 소식을 받았다. 아들은 휴가를 나와서 군에서 훈련받은 당당하고 늠름한 군인의 모습을 보여 주었다. 하나님은 나의 눈물과 아픔을 대신하는 기도의 응답은 바로 아들을 건강하게 자기의 임무를 마치고 돌아와 자랑하는 모습을 보여 주셨다. 그는 지금 군대를 제대 하고 결혼하여 일남일녀 자녀를 둔 아버지로 회사원 매니저로 열심히 일하고 있다. 십자가의 사명은 복음을 전하려고 전도나 선교의 일에만 전념하는 것도 중요하지만 가정 안에서도 십자가를 져야 할 일들이 포함한다.

이민을 와서 살기가 너무 힘들어 여러 번 주님께 항의한 적이 있었다. 가정을 나에게 맡겨두고 한국으로 신학 공부를 떠나야 했던 남편과 먼발치에서 어떻게 사는가를 구경하는 식구들 사이에서 자녀를 돌봐야 하는 어머니로서 경제적인 책임과 함께 신앙생활에 대한 혼돈이 한때 일어나고 있었다. 한 달을 버티려면 이천 불의 생활비가 필요한데 나의 수입은 천이백 불로 턱없이 모자랐다. 어떻게 살아야 할지 몰랐고 주님 앞에 매달릴 수밖에 없었다. 교회의 어느 집사님이 도와주고 싶어도 내가 너무 허영심이 심해서 식구들이 돕지 말라고 했다고 나에게 은밀히 말하는 것을 듣게 되었다. 가까운 분들이 도와주고 싶어도 관망하고 있는 이유인지도 모르는 일이었다. 도울 여력이 없어도 말없이 기도해 주는 것이 신앙인의 모습일 텐데 말이다. 나에 대해서 애꿎게도 거짓말을 하고 다니는 사람이 있었다니 믿을 수가 없었고 나는 자신을 돌아보기로 했다. 다른 사람으로 하여금 왜 내가 허영심 많은 여자로 보이게 되었을까 하는 자성을 하게 된 계기가 되었다. 내가 혹시 다른 사람보다 옷을 깔끔하게 입는 것 때문은 아닌가 생각해 보았다. 나는 돈을 주고 옷 사 입을 경제적인 여유가 전혀 없었다. 가끔 드롭 샵에서 찾아가지 않는 옷이 나오면 그중에서 색상이 좋은 스타일을 골라 수선해서 고쳐 입는다. 아마도 깨끗하게 하고 있으니 다른 사람보다 멋을 부리는 모습으로 보였을 것이다. 먹고 살기도 바쁜데 무슨 돈으로 옷을 철마다 사 입을 수가 있는가? 길에서 노점을 할 때도 허름하게 보이거나 멸시당하고 싶지 않아서 옷차림은 오히려 더 단정하게 입으려 했다. 이것은 나의 자격지심 속에서 나타나는 열등감일지도 모른다. 그래서 나는 언제나 다른 사람들보다 센스 있게 옷차림하고 교회에 갔을 것이다. 어떤 이의 눈에 그것이 허영심이라고 비친 것도 거짓은 아닌 것 같다. 그런 마음으로 친지와 식구들도 내가 어떻게 사는지 나를 그냥 바라만 보자고 생각한 것 같다. 교회 안에서 누구도 도움이 없었던 것도 관망하고자 하는 마음이 강해서였을 것이다. 그러나 나를 도우셨던 분은 하나님이셨다. 그분의 은혜가 나를 이끌고 있다는 것을 알게 하는 계기가 되었다.

밤이 되면 나의 시간을 가질 수 있었다. 그것이 철야기도를 하게 된 이유이다. 아이들이 잠자는 시간에 비어있는 교회에 홀로 들어가면 그 시간만큼은 오로지 주님을 만나는 시간이었다. "주님, 저를 차라리 데려가 주십시오. 남편이 돌아올 것이고 아이들이 나보다도 더 좋은 환경에서 자랄 것입니다." 새벽까지 나의 울부짖음으로 교회의 공간이 채워졌다. 그러던 어느 날 나는 기도하다가 지친 몸으로 엎드려 있었다. 갑자기 눈 앞에 펼쳐진 아름다운 모습이 나타났다. 하늘은 너무나 아름답고 그 가운데 하얀 구름이 노닐고 있었다. 그 하늘 끝에서부터 정교한 돌계단이 내가 서 있는 곳까지 내려와 있었고 그 돌계단 제일 아래쪽에 내가 남루한 옷차림으로 서서 그 하늘 끝에서 내려온 계단을 물끄러미 바라보고 있었다. 갈 길이 너무 멀고 힘들다고 생각하여 돌아가야겠다고 생각하고 뒤를 돌아보니 발아래에는 천 길 캄캄한 낭떠러지... 떨어지면 죽을 수밖에 없는 시커먼 암흑이 입을 벌리고 있었다. 주위를 살펴보니 내가 서 있는 바로 옆 파란 하늘 흰 구름 속에 십자가가 꽂혀있었다. 그 십자가를 보았을 때 주님의 음성이 들려왔다. "너의 십자가는 크지도 작지도 무겁지도 않으니라. 너의 십자가를 버리지 말라." 지금까지 들고 온 나의 십자가를 나는 그 하늘 흰 구름 속에 버려놓고 있었던가 보다. 나의 환상은 사라졌다. 나는 다시 마음을 가다듬고 주님께 나의 십자가를 지고 가겠노라고 고백하고 나의 기도는 다시금 시작되었다. 내가 천국에서 주님을 만났을 때 나에게 내민 손목에 백 원짜리 동전만한 크기의 구멍이 나 있는 것을 본 순간에도 그전에는 나 역시도 예수님의 십자가에 못 박힌 모습은 두 손바닥에 못 박힌 모습을 생각하였지만, 그때 내가 본 주님은 손목에 대못으로 십자가에 못 박히셨다는 것을 실제로 주님을 만나고 나서 알았고 나는 주님의 발아래 엎드렸었다. 주님은 온몸에서 거룩한 빛이 났으므로 얼마나 환하고 밝고 영광스럽기가 이를 데가 없었는데 내가 주님을 따라 간 성소에서 천사들의 우렁찬 찬양 소리는 너무나 아름답고 정확하고 웅장한지 천사들의 노래는 이 세상에서 감히 비교할 수도 없거니와 들어본 적도 없는 찬양이었고 천사들의 찬양 소리에 맞춰 하늘에서 오색 찬란한 색깔의 빛이 내려와 온 성소를 가득 채울 때는 하나님이 얼마나 찬양을 기뻐하시는지를 알 수가 있었다. 지금도 주님을 뵈었던 것을 생각하면서 주님의 참다운 모습을 다시 한번 그리게 된다. 그것은 하나님께서 보여주신 천사들의 찬양 소리이며 그 천사들은 얼마나 거룩하고 성스러운지 하나님을 향한 경배와 찬양으로 가득하여 가슴을 뜨겁게 하고 있다. 하나님께서 가장 사랑하는 것은 성도의 찬양이다. 그래서 너희를 지은 것은 찬양받기 위하여 지으셨고 우상에게 주지 않겠다고 이사야를 통하여 말씀하시고 계신 것이다. 그러나 오늘날 많은 인간은 마귀를 섬기며 우상을 숭배하며 그들에게 경배하며 노래하여 죄악의 극치에 이르고 있는 것을 볼 때 주님께서 오실 마지막 날이 속히 임하고 있음을 알 수가 있으며 하나님의 자녀들을 위하여 예비하시는 주님이 곧 오시는 것도 저 마귀들의 발악을 보면 알 수가 있다. 찬양을 뜨겁게 하는 교회가 부흥하는 것을 보았다. 우리 한국교회의 대부분이 냉랭하고 조용한 예배를 드렸지만, 흑인 교회를 참여해 보니 그들의 찬양은 뜨겁기가 이루 말할 수가 없었다.

성도는 찬양 못지않게 기도하는 삶을 살아야 한다. "너는 내게 부르짖으라 내가 네게 응답하겠고 네가 알지 못하는 크고 비밀한 일을 네게 보이리라"(예레미야 33:3). 나는 하나님께 부르짖어 기도할 때 크고 비밀한 것을 보이셨던 것을 기억한다. 나의 생활 속에서 일일이 나타내셨던 주님의 은혜가 계속된 것은 성소의 제일 앞자리로 성도의 기도는 하나님의 성소에서 찬양과 함께 가장 소중한 제사임을 보여 주신 것이다. 다음으로 신자의 할 일은 복음을 전하는 일로 결코 게을러서는 안 된다. 바로 지옥의 고통 속으로 하나님이 지으신 인간들이 보내지지 않도록 예수님께서 말씀하신 복음을 전해야 한다. 하나님은 인간을 사랑하시어 지옥으로 들어가 고통당하는 것을 원하지 않으신다. 예수님께서 나를 데리고 지옥을 보여 주신 것은 또한 이 땅에 오셔서 십자가에 돌아가신 것은 이를 믿는 자마다 영생을 얻게 하시려는 것에 있다. 인간에 대한 하나님의 사랑으로, 내가 환상에서 본 것은 "너는 그 지옥에 들어가 보지 않아도 내가 지옥에 있는 영혼들이 얼마나 고통을 당하는지 알게 하겠으니 너는 사람들에게 전하여 이곳으로 오지 않도록" 하라는 말씀이셨다. 누구든지 이 지옥에 와서 고통을 당하지 않도록 당부하시던 예수님은 영원히 고통당하는 곳으로 보내지 않으시려는 사랑을 복음에 담으셨다. 그러므로 예수님을 믿어야 하는 것은 종교의식이 아니라 이것은 영원한 삶으로의 구원을 위한 하나님의 진실한 사랑이다. 그 누구도 이 지옥에 오지 않도록 복음을 전하여야 하는 사명은 예수님을 믿는 모든 자들에게 주어진다. 지옥은 인간을 위한 곳이 아니라 마귀와 그를 따르는 타락한 천사들이 들어갈 곳으로 인간이 마귀의 유혹에 빠져 죄악을 짓고 결국 지옥 불로 들어가 영원히 고통을 당하여야 함을 성경이 밝히 나타내고 계신다. 하나님은 나 같은 죄인을 불러서 천국과 지옥을 보여 주시고 내가 어려운 처지에 있을 때마다 주님을 떠올려 우리가 주님의 음성에 귀를 기울이시기를 원하신다. 내가 이단으로 몰려 사람들에게 질책당하여도 조용히 머리 숙여 주님께 기도할 수 있는 것도 예수님을 믿는 신앙이 인생에 있어 얼마나 중요한 것인가를 깊이 깨달았기 때문이다. 내가 나의 십자가를 소중히 여기는 것은 못난 내게도 주신 이 십자가를 지고 가야 할 사명이 있기 때문이다. 오직 감사할 뿐이다. 기도와 금식의 날들이 많아지고 성경 말씀을 증거 하는 시간을 나에게 주신 것과 귀신과의 영적인 싸움에서 그리고 세상과의 싸움에서 다만 주님의 이름을 의지하면 주님께서 친히 일하시고 능력을 주신다는 것을 알게 하셨다. 주님은 연합교회에서 사람들이 나를 이상한 눈으로 본 것과 내가 느낄 수 있을 정도로 그들이 되도록 대화를 피하려고 했던 것이 어떤 의미든지 간에 상당수는 신본주의의 삶을 두려워했던 것이 분명했다.

주님께서 나에게 사랑의 십자가를 주신 후부터 나는 담대하게 주님의 일을 하는 것을 게을리하지 않았다. 어느 날 어느 장로님이 나에게 자신의 재부가 췌장암으로 오래 살지 못하니 와서 기도해 달라고 부탁했다. 나는 그 환자에게 찾아가 기도하고 술과 담배를 끊을 것을 부탁하고 15일 금식하도록 권유했다. 그는 낫기 위하여 나와 약속했다. 그의 부인에게 금식을 잘 할 수 있도록 생수를 마시는 일에 조력해 달라고 부탁하고 모든 술과 담배를 모두 버리도록 해서 담배나 술에 대한 습관대로 마시고 피우지 못하게 했다. 곁에 아무도 없을 때 아무도 몰래 할 수도 있기 때문이다. 기도는 계속되었고 금식도 잘 진행되고 있었다. 처음에는 시커먼 하수도 물 같은 역한 냄새 나는 물을 토해내었고 일주일이 지나니 색깔이 점점 옅어지더니 십 일쯤 되니 맑은 약간의 푸른 물만 토해내었다. 이제 오 일만 더 참고 금식하니 암세포는 떨어져 나가고 반듯하게 정상으로 회복되기 시작하는 모습이 보였다. 그의 얼굴이 빛나고 환해지며 혈색이 얼굴에 돌아오기 시작하였다. 식구들 모두 환호하고 기뻐하였다. 환자 자신도 몸이 가벼워지고 기운은 없지만, 대단히 건강이 회복되고 있다는 것을 느끼고 기뻐했다. 매일 예수님의 말씀을 증거하고 믿음으로 받아 드리기를 권유하였다. 환자는 믿지 않는 사람이므로 이러한 하나님의 역사를 온몸으로 체험하면서 완쾌되면 교회에 나와서 예배에 참여하고 하나님께 감사를 드릴 것을 부탁했다. 그는 그러겠다고 약속했다. 이제 며칠 남지 않은 금식기도를 마무리하고 보호식에 주의할 것을 잘 가르쳐 주면서 반드시 보호식을 철저하게 지키지 않으면 오히려 병을 얻게 되니 특별히 주의해야 한다고 보호 식단을 가르쳐 주었다. 금식 끝나는 첫날은 맑은 미음 국물만 약간의 소금을 넣고 천천히 마시되 이것을 사흘 동안 해야 한다고 말해 주었다. 환자는 먹는 날이 가까워져 오니 마음을 급했나 보다. 이제 몸이 너무 좋아진 것을 느끼니 금식을 그만 끝내고 싶어 했다. 금식은 하나님께 드리는 약속의 날이니 약속한 날까지 지켜서 완전히 완쾌할 때까지 주의해야 한다. 금식을 마음대로 끝내서는 안 된다고 말했더니 환자는 "나는 죽지 않습니다. 올해 내가 삼재를 만나서 죽을병이 들었으나 이 시기를 이겨 내면 나는 건강이 회복됩니다. 그렇게 하지 않아도 됩니다. 이제 살았으니 금식을 끝낼 겁니다."
"마지막을 잘 끝내지 않고 하나님을 믿지 않으면 반드시 죽습니다. 이 금식은 하나님께 기도하고 받은 약속의 시간이므로 끝까지 지키고 하나님의 말씀을 믿으셔야 합니다. 하나님께서 순종할 때 회복시켜 주십니다." 그는 끝까지 자신에게 삼재로 온 병이므로 이제 나았다고 말하는 것을 듣고 그의 부인은 "어디 무당 같은 여자가 와서 약속을 지키라니 죽는다느니 그러냐." 하며 그녀는 나를 그날로 나를 배척하기 시작했다. 이 환자가 약속을 지키지 않아 죽음이 눈앞에 다가오고 있는 것을 보는데도 나를 쫓아 내었다. 나는 내게 부탁했던 장로님을 만나서 가서 예배를 드려 달라고 부탁했다. 혹 그가 회개하고 돌아올까 하는 기대를 하는 것이고 그냥 두면 반드시 죽을 것이므로 그러면 예수님을 믿지 않고 죽으면 지옥 가기 때문에 그 영혼을 마지막으로 살리기 위해서 장로님에게 부탁했다. 내가 한국으로 가서 기도원에서 기도를 마치고 미국에 다시 돌아왔을 때 장로님으로부터 소식이 왔다. 환자인 자기의 제부가 병원에 입원해 있으니 마지막으로 나를 보기 원하니 한번 병문안 해 달라고 부탁했다. 나는 장로님과 함께 환자에게 병문안 했다. 나는 그에게 기도하고 예수님을 믿고 구원받아 천국에 가자고 말했다. "나는 이제 죽습니다. 그게 무슨 소용 있나요?" 그 말을 듣는 나는 지금껏 무얼 했나 하고 서글픔을 금치 못했다. 그의 가족인 장로님이 복음을 전했을 것으로 믿었는데 모두 무얼 하나 하고 실망하고 돌아섰다. 내가 끊임없이 기도하고 사람들로부터 병 고쳐 주기를 부탁했으나 그 후로 나는 외면하고 말았다. 어느 날 교회의 산상 수련회에서 나는 그곳에서도 강가에 앉아 통성기도를 하고 있었다. 다음날 교회 부목사님이 나를 불렀다. 어느 권사님이 나를 찾는다고 나를 데리고 갔다. 권사님은 침대에 누워 있었고 기도를 부탁했다. 나는 권사님이 관절통을 앓고 있음을 알았다. 권사님은 기도해 달라고 부탁했을 뿐 아무 말도 안 하셨기에 내가 기도하기 시작하자 허리 디스크와 무릎 관절통으로 걷지 못해 누워 있었다. 나는 온몸을 예수님의 이름으로 안수하고 몸을 붙잡고 있는 귀신을 쫓아 주고 얼마 있으면 괜찮을 것이라고 말해 주고 나왔다. 권사님은 내가 그냥 예수님 이름으로 안수만 하고 기도만 해주기를 원했지만 나는 권사님에게 귀신을 물러나라고 명하고 기도했으니 기분이 안 좋으신 것 같았다. 나에게 고맙다는 인사를 하지 않는 것을 보아 알 수가 있었다. 사람들이 기도하고 병을 낫게 해주면 물론 예수님께 감사하고 나에게도 고마운 마음은 느껴야 하는 것이 아닌가 마는 하나님의 종이 수고하는 마음에 감사할 줄도 알아야 한다. 그것이 하나님에 대한 감사이기도 한 것이다. 여기에서 말하고자 하는 것은 무슨 헌금 같은 것을 달라는 것이 아니다. 다만 그 수고에 대해 주님의 사랑에 감사하는 마음이 있어야 한다는 뜻이다. 그 후로 나에게 기도해 달라고 부탁은 많이 하였지만 나는 대답을 하지 않았다. 왜냐하면 때로는 성령을 희롱하는 자들과 주님의 영적 사역을 시험하기 위하여 찾아오는 이들도 있었기 때문이었다. 집사님 중에는 특별히 나에게 은사가 강하게 나타나는 것을 알고 무엇이든 부탁하고 기도를 부탁했다. 그 집사님만 나에게 긍정적이었지만 다른 많은 교인은 나를 색안경 끼고 바라보았다. 권사님은 병이 나았다. 교인들에게 내가 기도로 낫게 해 주었다고 말하고 다녔다. 그 후 교회에서 내가 병 고치는 은사가 있다는 소문이 나기 시작했다. 그런데 권사님은 나에게는 자신의 병이 나았노라고 말한 적이 없었기 때문에 나는 몰랐으나 다른 사람들에게는 전하고 있었다. 어느 날 부목사님이 나를 불렀다. 나는 그를 만났다. 성경 말씀 고린도전서 12장의 말씀을 가지고 은사에 대해 설명하면서 교회의 유익을 위해 사용해야 한다고 강조했다. 내가 무엇을 교회에 유익을 위해 사용하지 않는 점이 있었냐에 대해 반문하고 싶었지만, 성경 말씀이기 때문에 순종한다고 했다. 이 정도 되면 교회 안에서 나에겐 말이 없어도 그들은 서로 얘기하고 있었다는 증거였다. 장로님 재부의 집에 가서 기도했던 문제도 얘기되었다. 내가 좋아서 그 집에 찾아간 것으로 생각하고 있었고 나는 장로님 부탁 없이 어떻게 그분을 알겠느냐고 정면으로 나는 잘못된 점을 밝혀 주었다. 아마 소문으로 나는 그렇게 기도하며 다니면서 돈을 받는 사람으로 알고 있었다. 아무리 은사가 강하게 나타나도 아무 병동이나 방문하면 안 되는 것이라고 부목사님은 나에게 정면으로 대응하기도 했다. 나는 하나님께서 보내시면 가는 것이고 말씀과 함께 병든 자에게 안수를 할 수도 있다고 말하고 싶었지만, 그것은 나의 권한이 아니어서 묵묵하게 기도만 할 뿐 교회 안에서 안수를 부탁해도 거절했다. 내가 다니는 연합교회는 그런 것들로 시끄러워지는 것을 담임목사님이나 온 교인들도 사이비나 이단으로 취급했기 때문이다. 나는 목사님이나 장로님이 기도할 때는 꼭 '아멘'으로 화답한다. 어느 날 한 권사님이 찾아와 나를 무척 사랑하는데 아멘 만큼은 하지 말아 달라고 부탁했다. 나는 하나님 말씀 듣는 것이 사람의 말을 듣는 것과 어느 것이 더 중요하겠는가 생각해 보라고 했다. '아멘'은 성경에 반드시

'아멘'으로 화답하라고 말씀하지 않는가. 그 후로도 나는 목사님 기도 때나 장로님 기도 때는 반드시 '아멘'으로 화답했다. 산상 수련회에서 목사님이 나를 불러 '아멘'을 하지 말라고 부탁해서 나는 대답을 하지 않았다. 교회가 두 파로 나누어지는 것이니 하지 말라는 것이다. 즉 '아멘'을 해야 한다 '아멘'을 하면 안 된다는 교인들의 목소리가 나로 말미암아 높아지고 있음을 알 수가 있었다. 오죽하면 담임목사님께서 부탁하셨을까마는 수련회 하루 동안은 '아멘'을 하지 않았다. 목사님은 아멘 안 해 줘서 고맙다고 인사까지 하셨다. 나는 목사님의 자존심을 세워 드려야겠기에 그날 하루는 참았다. 주님 용서하옵소서. 다음날 어느 집사님이 찾아와 "아멘 하세요."라는 말을 전해 주었다. 교회가 아멘 문제로 시끄러워지고 있는 것은 참 안타까운 일이었다. 나는 교회에 돌아와 '아멘'으로 화답하기 시작했다. 내가 주님을 섬기는 일은 누구의 말을 들어야 옳은가가 아니라 하나님의 말씀을 순종하느냐 안 하는 것이냐일 뿐 나는 늘 성경 말씀에서 그 대답을 찾는다. 목사님은 나를 배반자로 여기고 피해 가셨으나 나의 중심된 사랑은 예수님이시고 목적은 예수님의 복음을 전하는 것이다. 이 일을 위해 부름을 받았으며 주님은 친히 내게 찾아오셔서 말씀을 주셨다. 내가 이단이라는 핍박받기 시작한 것은 이때부터였다. 목사님의 체면을 세워 주지 않을 때부터 나와 친한 사람에게는 그런 은사를 좋아하지 말라고 경고했다.

연합교회는 아주 조용한 예배를 드렸고 말씀도 철학적이거나 윤리적이거나 도덕적인 말씀만 전하였다. 성령의 역사는 사도행전 시대에 나타난 은사라고 가르쳤으며 지금 나타난 것은 거짓 영들의 잘못된 것이므로 조심해야 한다고 강조했다. 성경 말씀 중심보다는 세상 시사적인 이야기로 엮은 제목 설교를 하는 것을 오히려 교인들이 더 은혜로 알고 있었다. 모든 교회의 사역은 목사님 중심이었고 성경 말씀은 부분적이며 인간관계에 역점을 둔 목회의 굴레에 있었다.

나쁘다고 말하지 않겠지만 나도 담임목사님을 위하여 기도하는 한 사람으로서 참 많이 기도로 목사님의 잘못을 지적했고 목사님의 잘못된 부분도 교인들이 나에게 찾아와 불평할 때마다 잘못을 바로잡도록 기도했다. 나는 점점 더 목사님에 대한 미움이 커지고 있었다. 목사님은 왜 진정한 사랑의 소리를 듣지 못하는 것일까? 오히려 나의 열성이 주님보다 목사님을 더 사랑하는 것이 아닐까 하는 나를 발견하고 회개하기 시작했다. 목사님을 바로 세우기 위하여 인간적인 사랑으로 연민에 빠졌다. 그것이 주님을 사랑하기보다 앞선다면 주님께서 원하시는 일은 아니다. 죄는 바로 주님보다 다른 것을 더 사랑하게 될 때 죄악 속으로 자신도 모르게 빠져들게 된다는 사실을 깨닫게 된 것이다. 이미 내가 목사님을 사랑한다고 고백하며 기도하므로 마귀는 나를 인간적인 사랑으로 이끌어 갔다. 내가 사랑한다는 것은 진실한 목회자의 모습을 찾기 위한 사랑의 고백인데도 사랑이라는 고백을 이용한 사탄은 바로 목사님의 마음이 사랑으로 나에게 다가오고 있게 했다. 아니면 사랑이라는 인간의 마음을 훔쳐서 하나님의 일을 방해하기 위한 방편으로 사용하기도 한다는 것을 알아차리고 나는 그 일이 잘못된 것임을 깨닫고 당분간 교회에서 기도를 중지하기로 했다. 잘못된 것을 계속 잘못된 방향으로 진행된다면 안 되기 때문이다. 남편이 한국에서 신학을 공부하고 있는 아내가 교회 안에서 다른 잘못된 소문으로 엮여 개인적인 구설에 오르는 것은 기도하는 것보다 더 나쁜 결과를 낳을 수 있는 이유였다.

그해 6월 흑인 폭동이 엘에이 한인 가게를 중심으로 일어났는데 필라델피아에서도 일어났다. 더욱이 내가 일하는 흑인 중심의 동네에서도 일어났는데 나의 가게의 동네도 예외가 아니어서 모두 빨리 가게를 문 닫고 가라고 충고했다. 나는 손님과 약속한 것들이 있어 저녁까지 일하고 집으로 돌아가는데 내가 자동차를 주차한 곳이 바로 흑인이 주인인 자동차 타이어 가게 앞이라 자동차를 운전하고 가는데 바로 그

흑인의 가게 앞에서 여러 명의 흑인이 나와 자동차를 애워 싸고 가지 못하게 했다. 큰일났다고 생각하는 순간 나는 대담하게 창문을 열고 "하이 친구 웬일이야 나 너의 친구인 걸 알지. 내 가게가 바로 여기잖아."라고 부드럽게 말하며 손을 흔들어 주며 환하게 웃어 주었다. "너는 웃었어. 그래 가도 돼." 그러는 동시에 나를 둘러싼 흑인 친구들은 물러가 주었다. 마음속으로는 주님께 그들을 위하여 기도하며 떠나는 나는 주님의 긍휼하심이 아니면 어려움을 어떻게 물리칠 수가 있을까. 폐차 직전의 자동차를 몰고 어디에서 시동이 꺼질지 모르는 길을 한 시간 이상 달려야 하는 길을 오늘도 주님의 사랑이 내 마음 가득히 채워주시는 것을 믿는 나에게 아무리 힘든 자동차의 운전이라도 감사하며 찬송하며 달리고 있었다. 뉴스에서는 엘에이 폭동과 필라델피아 폭동으로 많은 인명 피해와 재산 피해가 있었다는 보도가 있었다. 그 가운데 나는 무사히 집까지 무사히 도착했다.

가게 옆집이 중국 음식점이었는데 중국인이 나의 가게 빌딩을 샀다고 가게를 비워달라는 통지를 받았다. 나는 가게를 정리하고 다른 사람의 가게에 카운터로 취직하게 되었는데 그 사람은 나와 잘 아는 권사님의 가게였다. 바쁜 가게이기도 하지만 바느질 수선이 많이 들어와 나는 수선하는 일을 같이 해야 했다. 어느 날 권사님이 나에게 수선하라고 내어준 옷은 남자 턱시도였다. 팔 길이를 줄이는 것인데 집에 가지고 와서 보니 옷핀으로 왼쪽과 오른쪽이 다르게 접었다. 이럴 땐 옷핀을 찌른 사람에게 물어보고 왜 팔 길이 사이즈가 다르냐고 물어야 했는데 오지랖 넓은 마음으로 아마 옷 주인의 팔이 서로 다른 장애자인가 보다 라고 생각하고 핀 꼽은 데로 잘랐다. 왜냐하면 서로 다른 길이가 워낙 다르기 때문에 혼자 의심도 없이 용감하게 자르고 나서 다음 날 일을 시작하기 전에 권사님에게 물어보았다. "손님 팔 길이가 아주 달라요. 핀을 다르게 찔렀어요." 권사님 왈 "조금도 다르지 않아요. 핀을 똑같이 꼽았어요." 나는 황

당하기 이를 데 없어서 물끄러미 그녀를 바라보았다. 이럴 줄 알았다면 자르기 전에 보여 주어야 했는데 나는 그녀를 믿었다. 참 똑똑하고 지혜로운 믿음의 여인이라 좋아했던 나였다. 실망이 컸었다. 집으로 돌아와 이미 짤라 버린 턱시도를 붙들고 기도하기 시작했다. "주님 제가 잘못 했습니다. 어쩌면 좋지요. 이 옷은 비싼 옷인데 배상하려면 그 돈이 나에겐 없는데 그 손님이 나를 고소를 하면 생활하기도 어려운 제가 주급을 몇 달 동안은 배상해야 할 텐데 나에게 지혜를 주세요." 잠이 오지 않았다. 새벽기도를 끝내고 그 옷을 살피기 시작했다. 카라는 옷감이 공단이다. 그러면 팔 끝에도 공단으로 맞추어 길이를 맞추어 주면 되겠다는 생각이 들었다. 이 공단이면 비싼 것인데 옷감 가게에 똑같은 색깔의 공단이 있을까 고민하면서 주님께 부탁했다. 옷감 가게에 들어가니 바로 턱시도와 같은 천이 있었다. "아, 아, 주님 여기에 있군요. 이제는 손님이 이렇게 스타일이 달라진 옷을 좋아해야 하는데 도와주세요." 나는 팔 끝에 공단을 같은 길이로 만들어 주었다. 수선을 다 하고 다림질을 끝내고 손님이 오기를 기다렸다. 처음과 다른 스타일이 된 턱시도를 손님에게 내어주며 부디 "이 손님이 좋아하게 해주세요. 주님" 그 옷을 보는 손님은 만면에 미소를 띠며 그 옷을 바라본다. "손님, 이 스타일 좋으세요?" 나는 당당하게 물었다. 손님은 "예, 이 스타일이 좋아요." 그는 즐겁게 옷을 들고 가게를 나갔다. 내가 안도의 숨을 내쉴 때 권사님은 "사모님에게 주님의 특별한 사랑이 함께 하심을 믿어요." 나는 생각했다. 여러 달 동안 함께 일하는 동안 몇 번이고 나를 테스트하던 권사님이 내게 행한 여러 일들을 놓고 바로 이 옷의 문제 해결 앞에서 권사님은 고백하고 있었다. 몇 달 동안 일하던 그 가게를 그만두고 나는 다시 우리 교회의 집사님의 가게를 인수했다. 동네는 유대인 제사장이 되는 학교 바로 옆에 가게라 바빴다. 우선 유대인 학생들이 맡기는 와이셔츠와 학기 때 되면 바지 헴을 해주는 일로 바빴다. 와이셔츠는 서비스 차원으로 학생들은 값싸게 세탁해 갈 수 있었다. 나는 공장에 세탁비 주고 나면 이익은커녕 오히려 바쁘기만 했다. 학생들은 정직해서 자기 옷이 아니면 돌려주기도 하고 공장에서 자기 학교로 배달된 나의 가게 티켓을 보고 나에게 바르게 말해 주기도 했다. 문제가 생긴 것은 그 학교 학생들은 유대인이기에 예수님을 믿지 않아서 내가 예수님을 증거하려 하면 예수님에 대해 엄청난 욕을 하며 항의하던 학생들이었다. 그들은 편을 짜서 나에게 골탕 먹이기로 해서 오늘은 이 학생이 다음날은 다른 학생이 가게에 와서 나를 놀리기로 매일 돌아가면서 와서 예수님을 욕했다. 나는 그들에 웃으며 예수님에 대해 잘못된 지식을 가진 그들에게 예수님을 성경 대로 가르치려고 열심을 다했는데 그럴수록 학생들은 사나워지기까지 했다. 그러나 그들이 믿든지 아니든지 예수님을 전할 수 있어서 감사한 일이었다. 나는 그들을 기다리고 있기도 했다. 어느 날 한 유대인 제사장 학교에 다니는 예쁘게 생긴 나이 어린 소년이 나에게 고백하기를 자기가 예수를 믿으면 나와 결혼해 주겠냐고 말하는 것이 아닌가. 깜짝 놀라 그 아이를 쳐다보고 "예수님을 믿는 것은 너의 마음이지만 나는 결혼했으며 자녀도 있어. 너는 집에 너의 부모 말씀을 순종해야 해" 그 후로 그 소년은 다시는 나의 가게에 오지 않았다. 그것으로 문제가 해결된 줄 알았다. 며칠 후 유대인 제사장이 가게에 왔다. 조그만 그릇을 주며 물을 좀 달라기로 물을 담아 주었다. 그 물을 들고 한참 기도하더니 나에게 물을 뿌리고 안수하려 했다. "나는 예수 그리스도를 믿어요." 그 말이 끝나자마자 그는 가게를 나가 버렸다.

이렇게 사랑의 십자가는 나를 끊임없이 괴롭히고 있었다. 나는 남편이 돌아오기 전에 가게를 다른 사람에게 팔고 집을 샀는데 조금 큰 집이었다. 교회와 기도원을 운영하려면 방이 많은 큰 집이 필요하다고 생각했다. 마침 집값이 한창 싼 값으로 나왔을 때 나는 집을 샀다. 남편은 내가 계속 일해야 하는 경제적인 이유도 있고 해서 델라웨어주의 윌밍톤에 세탁소를 그 동네의 유지인 분이 싸게 공장을 인계하겠다고 해서 남편은 그 가게를 인수했다. 알고 보니 우범지역이어서 상당히 어려운 지역이었는데 그곳에서 월요일에서 토요일까지 잠자리를 마련하고 이제 막 새 집을 마련할 곳으로 돌아올 수가 없었다. 거리가 멀어서 오가는 길에 시간을 허비해야 하기 때문이었다. 자연스레 일주일에 한 번 집에 돌아오는 날은 토요일 뿐이다. 여름에는 정원에는 풀이 자라 보기가 싫었다. 남편은 일하느라 피곤하므로 집으로 돌아오면 쉬기를 원했으므로 정원에 자란 풀은 내가 깎아야 했다. 일단 식료품 가게에 가서 식품을 사고 돌아와 저녁을 먹고 난 다음 나는 정원에 풀을 깎아야 하는데 풀 깎는 기계가 없다. 남편이 그것을 신경 써 주었으면 쉽게 풀을 깎을 텐데 그는 무관심했다. 할 수 없이 나는 부엌칼을 가지고 나가 정원에 풀을 깎아야 했다. 그것도 늦은 시간에 여자 혼자 칼을 들고 풀을 깎는 모습에 동네 사람들이 지나가다가 묻는다. 칼을 들고 풀을 깎느냐고 물으면 나는 대답하기를 "이제 이사 와서 풀 깎는 기계가 없어서 칼로 깎는다"고 말하니 그들은 내가 풀 깎는 동안 자동차로 동네를 한 바퀴 돌며 나를 지켜 주었다. 그도 그럴 것이 남편은 어디 가고 여자가 칼로 풀을 자르고 있으니 그들에게도 내가 위험하다고 생각한 것 같았다. 그렇게 풀을 깎지 않으면 다시 일주일 후에 돌아오는 집이니 풀은 또 얼마나 을씨년스럽게 자라겠는가. 나는 풀 깎기가 힘들어 엘에이 화원에 전화를 걸어 과실 나무를 여덟 그루를 사서 심었다. 앞쪽에는 연 목련 나무, 자 목련 나무, 개나리, 앵두 나무, 장미꽃 빨간 장미, 주황색 장미, 분홍 장미, 노랑 장미, 연상홍 철쭉, 진달래 등과 수선화, 튤립, 다알리아, 수국 등을 심고 옆으로는 목단 노랑, 빨강, 하얀색으로 심고 뒤쪽으로는 감 나무, 배 나무, 사과 나무, 매실 나무, 무화과 나무, 살구 나무, 체리 나무, 포도 나무를 심어 봄에는 복사꽃를 필두로 연분홍 앵두 나무 꽃 개나리 필 즈음 목련이 활짝 만개하고 차례대로 앞뒤로 꽃 잔치를 펼쳐 주고 있어 꽃동산이 되고 우리 집을 과수원이 만들게 되었다. 남편은 그때야 풀 깎기 기계로 풀을 깎아 주었고 집은 훨씬 아름다워졌다. 여전히 가게는 월밍톤에 있어서 토요일에 돌아오게 되는데 나는 마트에 가서 쇼핑해야 했다. 한국 마트인 한아름 마트는 가게에서 두 시간 걸려 가야 하는 곳이다. 토요일은 더욱 바쁜 날인데 교회의 친교를 위해서도 한아름 마트를 꼭 가야 했다. 평상시는 쇼핑을 얼마하지 않아 괜찮은데 어느 날 남편의 생일날이면 쇼핑하는 품목이 많이 달라진다. 남편의 생일이 1월 1일이라 마트에 가서 식품을 사야 하는데 그날은 남편의 육십 세 되는 생일이라 온 식구들이 우리 집으로 축하하려고 와야 하는 날이었다. 남편의 생일이 주일날이라 온 식구들이 와서 식사하자면 음식을 많이 해야 하므로 나는 마트에 가서 식품을 구입하는데 많은 물건을 구입하게 되니까 마트 직원들이 나를 의심하고 있는 것 같았다. 그날은 사람들이 떡국을 먹는 날인데 나는 그것을 구입하지 않고 갈비랑 해물꺼리랑 야채랑 비싼 식품들만 행카 가득히 채웠다. 시간은 마트의 마감

시간이 임박하였고 공장에서 일하는 허름한 모습과 운동화도 급하게 구겨 신고 행여 마트가 문 닫을 시간이 임박해지는 시간에 들어와서 비싼 물건만 행카 하나 가득 실으니 의심할 만하다. 직원들이 나와 일렬로 서있는 가운데 내가 행카를 밀고 카운트 앞으로 가 계산하고 돈을 지불했다. 그 후로 그들은 나를 유심히 바라보고 있었다. 또 뭔가를 가져가는 것이 없는가 하고 말이다. 그렇다고 내가 나의 사정을 설명할 이유는 없었다. 의심하는 것은 그들의 직업의식일 뿐 나와는 상관이 없는 것이기 때문이다. 그들은 나를 아직도 기억하고 있다. 정초에 그렇게 물건을 많이 사 가는 사람이 없을 것이기 때문에 유별나게 카트 하나 가득 비싼 물건을 담으니 의심할 수밖에 없다. 그들이 의심을 오래도록 가지고 있어서 나는 더욱 정직할 필요가 있다고 생각했다. 나는 음식을 차려서 남편의 60세 생일을 가족과 교인들과 이웃 목사님들을 초청하여 축하해 주었다. 사람을 의심하게 되면 아무리 노력해도 그 의심은 없어지지 않는다. 그래서 그들을 위하여 기도했다. 다음날 나는 마트의 직원들이 손님들에게 친절하지 않은 것을 시정 해야겠다고 매니저에게 전화로 알렸다. 내가 옛날 마트 처음 오픈했을 때 카트 가득히 물건을 샀을 때도 친절하지 않았다고 그때 일을 설명해 주었다. 후로는 마트의 직원들이 조금은 친절해지기도 한 것 같다고 모두 후담들이 있었다.

하나님은 나에게 영적 눈을 열어 주셨다. 사람을 보면 이 사람이 정직한 사람인지 이중인격 소유자인지 환히 아는 것이다. 나의 회개 시간이 날마다 이러한 일들 때문에 하게 되는데 나는 그들의 잘못된 모습을 보므로 딱히 나의 죄악 때문이 아니라 내게 보이는 영적 시야에 들어오는 다른 사람의 모습을 보고 그들을 위하여 대신 회개하는 것이다. 영안이 열려있는 사람은 다른 사람보다 회개가 길어질 수밖에 없는 것은 보이지 않는 영적 세계에 대하여도 기도하는 자이기 때문이다. 그들은 자신이 어떤 모습인지 모르기 때문에 죄악에 빠져도 그것이 악한 것인지 모름으로 점점 더 죄악으로 빠져든다. 성령으로 회개하기 전의 나의 모습을 모르듯이 그들도 자신의 진정한 속사람의 모습을 모른다. 잘되면 자기 탓이고 못되면 남 탓이다. 이것은 가면적인 자기의 모습을 속이는 것이다. 그것을 알면 사람은 정직해지고 진실해진다. 회개도 성령을 받은 사람이라야 할 수 있다. 예언 은사를 받는 사람은 특별히 정직하고 진실해야 한다. 성령께서 하시는 일 중에 가장 큰 사역이다. 병 고치는 일, 귀신 쫓아내는 일보다 훨씬 앞서는 사역이다. 보통 선지자들이 이 예언의 사역을 해왔다. 지금도 예언의 은사는 계속 있다. 내가 그 예언의 은사를 받고 예언을 하게 되면 사이비라고 즉각 비판받는다. 예언이란 현재의 일이 아니라 장래의 일이기 때문이다. 일이 이루어지기 전에 전하는 것이므로 이루어질 때까지 아무도 모르는 사실이기에 우선 비판부터 하기 마련이다. 나는 가끔 목사님들에게 예언하는 일이 있다. 그래서 내가 교회에서 핍박받는 일은 당연하다고 봐야 한다. 이 일 후에 나는 사람들에게서 더욱 의심 받게 되었는데 나의 주위에는 언제나 친절하면서도 무언가 도와주려고 하는 사람이 나타난다. 그것은 내가 요주의 인물이라는 것이다. 나는 아무것도 한 일이 없어도 나를 살피는 사람들이 있다. 즉 감시하는 사람들이다. 어느 기도하는 분이 나에게 "사람들이 많이 주시하고 있다."고 한다. "왜죠?", 나는 알면서 물었다. 예언의 은사를 받아서 그렇다고 한다. 아니다. 영안이 열려서 내가 사람을 알아보는 것이다. 그들은 내가 '요주의 인물'이리고 신고했다. 그래서 내게는 사람이 따른다. 어디를 가든지 나를 감시하는 눈길이 있다. 그들은 대단히 나에게 친절하다. 그럴 수밖에 나는 정직하고 사람들에게 친절하니까 조금도 위험한 인물이 아니라는 것을 안다. 그러면 왜 나를 '요주의 인물'이라고 신고했을까? 첫째는 나를 의심해서이고 둘째는 그들은 내가 정직하고 바르게 행동하는 줄을 안다는 데 있다. 그러면 왜 감시를 하느냐? 그들의 직업이 바로 나를 감시하는 일중에 하나일 것이다. 사람들은 그냥 이상스럽게 기도 많이 하고 은사 집회하고 방언 기도하며 귀신 쫓아내는 은사자로 보기보다는 보다 주의해야 할 사람이라는 것은 바로 유대인 학교의 어린 학생이 나에게 사랑을 고백한 후로 일어난 일이다. 나는 예수님을 믿는 독실한 크리스천이기 때문이며 바로 그곳에서 아주 강력한 마귀 얼굴을 지닌 남자와 영적 다툼이 있었던 때와 가게에 권총 강도가 들어와서 나를 묶고 돈을 훔치려 했으나 그날은 장사가 되지 않아 돈이 없었고 나의 가방을 조사하고 나의 수첩을 훔쳐 갔다. 나는 수첩에 기록된 사람들에게 연락해 이러한 사실을 알리고 이상한 전화가 오면 받지 말라고 말했다. 그런 일들이 아니면 내가 '요주의 인물'로 지적받고 감시를 당해야 할 이유가 전혀 없다. 그들 감시자는 지역에 따라 모두 다르고 사람도 모두 다르다. 어떻게 아느냐고? 내가 영 안이 열려 있다고 하지 않는가. 보지 않아도 곁에 있는 사람이 무얼 하는지 왜 내 곁에 있는지 왜 나를 감시하는 것을 나는 알고 있다. 어느 목사님이 나를 감시하는 사람이 되었다. "목사님 나를 감시하는 눈길이 있어요. 내가 잘못이 없고 정직하게 살면 오히려 그들은 나를 해롭게 하는 자들에게서 보호해 주는 나의 가이드가 될 껄요." 목사님은 일그러진 얼굴로 나를 물끄러미 바라보곤 더 이상 나를 감시하지 않았다. 나는 늘 내 곁에 있는 감시자를 위하여 기도하고 그들의 눈이 열려 올바른 것을 보게 해 달라고 기도하고 있다. 지금도 기도하는 것은 나 자신에 대한 것보다 나의 주위 사람들을 위해 기도한다. 주님이 나에게 사랑의 십자가를 주셨다는 것은 어디에서나 주님의 사랑의 향기를 품어 내어야 할 책임이 있는 것이다. 남편은 목사가 된 후로 나에게 신경질이 없어졌고 매사에 부드러운 성격으로 변했다. 나에게 교회에서 설교를 더 많이 할 수 있도록 배려한다. 자상해졌고 나에게 관심도 커졌다. 나의 회개는 나를 넘어 남편을 위하여 계속됐고 나는 남편을 미워하지 않는다. 오히려 사랑한다. 나 자신의 속사람을 알고 회개한 후부터 나도 변했다. 예수님의 사랑을 가지고 사람들에게 천국과 지옥을 전하고 있다. 한 사람이라도 지옥에 가게 해서는 안 될 것이다. 내게 보여주신 지옥은 그야말로 영원한 고통의 지옥 불이 타는 무서운 곳이다. 부디 사람들이 깨달아서 예수님을 믿고 구원받아 천국에 들어가기를 오늘도 기도한다. 이를 전하는 나의 마음은 뜨겁게 불타고 있다. 왜 사람들은 이 간단하고 아주 쉬운 복음을 멀리하는 걸까, 새상에서 예수님 이외에는 어떤 곳에서도 결코 구원이 없다고 수천 번을 외쳐도 아직도 믿지 않는 사람들이 교회에서도 넘쳐날까?

나는 아직도 회개해야 할 일이 많이 남아 있다. 나의 언니들과 동생과 조카들이 세상이 제일인 줄을 알고 예수님을 모르고 살고 있다. 영혼에 대하여 아는 바가 없다. 천국과 지옥을 모르는 사람들에게 예수님의 복음을 전하여야 한다. 어떤 핍박을 당하여도 복음을 전하여 하는 것은 그들은 지옥을 모르기 때문에 더욱 그렇다. 그들에게는 환생이라는 잘못된 신앙을 가지고 있어서 아무리 예수님의 복음을 듣고 알면서도 믿지 않는다. 마음이 참 안타깝다. 나의 생명을 주는 한이 있어도 예수님을 전해야 한다. 먼저 교회에 다니는 사람들부터 시작해야 한다. 내가 교회에서 핍박 받았듯이 예수님을 알면서도 믿지 않는 사람들이 더 문제라고 생각한다. 목회자라는 직업의식으로 성경을 믿지 않고 가르치는 사람들을 위하여 기도하며 그렇게 가르침을 받은 교인들이 더불어 지옥 가야 하는 안타까운 이 현실이 나를 아프게 하고 있다. 나는 예수님을 사랑하는 만큼 교회를 사랑하고 교인들을 사랑한다.

하나님께 영광

 첫째로 성령으로 거듭나야 천국에 들어갈 수가 있다. 예수님을 믿는다는 것은 성경의 말씀대로 예수님을 구주이심을 시인하고 믿게 되면 성령을 선물로 받는다. 성령을 선물을 받는다는 것은 성령으로 거듭났다고 말할 수 있는데 예수님을 믿으면서 성령을 부인한다면 그것은 예수님을 믿지 않는 것이다. 우리가 성령으로 거듭나지 아니하면 절대로 천국에 들어갈 수가 없음을 요한복음 3장 5-6의 말씀에서 말씀하시고 계신다. 성령이 무엇인지도 모르는 사람들에게 성령으로 거듭나야 한다고 하면 이해하지 못한다. 성경의 처음부터의 이야기를 하게 되면 창세기에 하나님이 천지를 창조하셨을 때 천지 만물을 지으시고 난 다음에 인간을 만드셨는데 인간의 코에 생기를 불어 넣어 주시므로 그것이 생령이라 하셨는데 인간의 영혼이다. 동물과 달리 인간에게는 영혼이 있으므로 영과 혼과 몸의 세 가지 요소로 구성되어있다. 이 영혼에서 하나님과 만나게 되어 있었는데 인간의 죄로 말미암아 하나님과 동거할 수가 없게 되므로 인간을 불쌍히 여기신 하나님은 친히 인간이 되셔서 사람 몸을 입고 오셔서 우리 인간의 죄악을 사하시려 십자가에서 엄청난 고통을 당하시고 피 흘려 돌아가셔서 죽은 지 사흘 만에 부활하셨고 예수님은 참 하나님이시고 참 인간이시며 예수 그리스도인 것을 믿는 사람에게 그분을 믿고 주라 시인하는 모든 자에게 성령을 선물로 주셨다. 성령께서 우리 영혼에 들어오셔서 우리를 새롭게 변화하게 하는 것이 바로 성령으로 거듭났다는 뜻이다. 이렇게 성령으로 거듭나지 아니하면 다시 말하면 예수그리스도로 거듭나지 아니하면 천국에 들어갈 수가 없다. 이것이 예수님과 우리와의 맺은 첫 번째 약속인 복음의 소식이다. 요한복음 3장 5~6절의 말씀은 "예수께서 대답하시되 진실로 진실로 네게 이르노니 사람이 물과 성령으로 나지 아니하면 하나님의 나라에 들어갈 수가 없느니라. 육으로 난 것은 육이요 영으로 난 것은 영이니" 나는 이 말씀을 이해하기 위하여 기도하였다. 예수님을 어렸을 적부터 사랑하고 믿었지만, 성령에 대하여 아는 바가 없었다. 교회에서 목사님에게 질문도 하였지만 이 말씀을 읽고 기도해 보라고만 하셨다. 마태복음을 처음부터 숙지하고 읽었어도 내가 성령을 받았는지는 몰랐다. 교회에선 성령에 대하여 말씀을 자주 하셨고 실제의 나와의 밀접한 관계인 성령에 대하여는 잘 알지 못한 상태였다. 신자에게 성령 체험이 있어야 성령께서 나의 안에 내주하고 계심을 깨닫게 되는 것인데 그것은 기도하는 방법밖에는 없다. 성령은 하나님의 영이니 그 영을 지식으로 아는 것이 아니라 체험으로 알게 된다. 나는 하나님의 영을 알기 위해 기도를 하였다. 교회의 가르침은 교회 예배에 열심히 참석해 예배를 드리고 순종해 나가며 말씀을 읽고 찬송하며 교회 생활에 열심히 봉사하면 성령 받은 사람의 모습이라고 설명했다. 물론 성령을 받는 것은 예수님을 믿는 순간부터 성령은 우리 영혼에 내주하신다. 성령을 받은 사람의 모습은 교회뿐만 아니라 모든 분야에 솔선수범이 되는 성숙한 모습으로 나타난다. 그러나 그런 모습이 처음부터 나타나는 것은 아니다. 기도하며 회개하는 생활이 있어야 성숙해지는데 기도하는 생활로 자기의 내적 모습을 알게 되는 하나님과 영적 소통의 관계가 이루어지면 내 속에 내주하시는 성령의 음성을 들을 수가 있게 된다. 나의 오늘 생활을 하나님께 기도하면 나의 모든 행동을 아시는 하나님은 내 속에 내주하시며 그분의 음성을 듣게 된다. 아무리 기도를 많이 하고 성경 상식이 박식하여도 성령의 음성을 듣지 못하는 사람들을 많이 본다. 그것은 회개가 없는 사람에게는 성령의 음성을 들을 수가 없다. 즉 이기적인 기도하거나 욕심을 내는 기도하거나 기도를 다른 목적으로 사용하는 사람들에게는 회개할 기회를 얻지 못한다. 하나님이 주신 말씀 안에서 순종하는 모습이 하나님께 가장 사랑받는 삶이다. 진리의 영이신 성령은 우리의 삶을 주관하는 분이시므로 죄를 지으면 즉각 회개하기를 촉구한다. 요한1서 3장 6절의 말씀을 보면 "그 안에 거하는 자마다 범죄하지 아니하나니 범죄하는 자마다 그를 보지도 못하였고 그를 알지도 못하였느니라". 범죄를 하지 않는 것이 아니라 범죄 할 때마다 즉각 성령은 근심하여 죄에 대한 회개를 촉구하여 다시는 그 죄를 짓지 아니하도록 권고하신다는 사실이다. 성령은 우리가 하나님 사랑에서 행하도록 우리를 도와주신다. 우리가 성자가 아닌 이상 범죄 함이 없다고는 할 수가 없다. 그러나 죄를 범하는 우리에게 말씀하시는 성령으로 말미암아 회개를 통하여 우리 죄를 사하는 예수님을 의지하게 된다. 이것이 신자의 올바른 생활이다. 모든 하나님의 자녀들은 성령으로 거듭남으로 말미암아 육에 거하는 우리가 영으로 새롭게 산다는 것을 알 수 있다. 나는 기도하는 가운데 늘 성령의 음성을 듣고 자주자주 회개한다. 나로 하여금 다른 사람이 죄를 범할 수도 있기 때문이다. 나와 뜻이 같지 않은 사람들을 미워하는 자기 모습을 늘 보게 된다. 미움은 사탄이 우리를 미혹하게 하므로 나의 뜻에 함께하여야 한다는 인간적인 이기심 혹은 자기의 비하하는 열등감 때문에 나보다 좀 더 나은 사람들을 질투하고 미워하는 마음은 성령이 주시는 마음이 아니라 사탄의 미혹에 빠져들어 다른 사람을 싫어하는 감정에 이르게 한다. 나는 기도를 많이 하므로 하나님의 사랑을 독차지한다고 생각하여 다른 사람을 비판하거나 비하하는 교만한 모습을 회개하였다. 또한 예수님의 사명을 감당하면서 짓게 되는 죄들을 깨달을 때 즉 성령님의 근심이 가득한 음성을 듣게 될 때마다 나는 즉시 무릎을 꿇고 회개하기에 여념이 없다. 성령은 우리에게 기름이다. 기름 없이는 등불을 켜지 못한다. 어두움 속에서는 길을 찾기 힘들다. 등불은 길이요 기름은 성령으로 함께 있어야 신랑 되신 예수님의 혼인 잔치에 들어갈 수가 있다는 사실을 난 늘 마음에 새긴다. 열 처녀 비유의 말씀인 마태복음 25장 1절~13절에서 기름을 준비하지 않은 다섯 처녀를 어리석은 처녀라고 말씀하셨다. 교회에 다니면서 어리석은 신자가 되어서는 안 된다. 성령을 무시하는 행위들 그러면서 내가 가장 믿는다는 교인들의 교만 성을 보는 일은 그리 어렵지 않아 보인다. 나도 그들 중의 한 사람으로 기도 하며 회개하면서 이 글을 쓴다.

다른 사람을 비판하는 이 글을 하나님께 바치면서 이런 모습을 보는 나 자신이 미안하고 죄송스러운 마음 금할 길이 없다. 내가 사랑하는 가운데서도 범죄를 저지르는 일도 허다하다. 죄목은 허다하게 짓는 죄 가운데는 거짓말하는 죄, 빨간 죄, 하얀 죄,.. 아무튼 거짓말은 남을 속이는 죄다. 너무 정직하여도 사람을 바보 취급하기 때문에 그럴싸하게 거짓말한다. 나는 되도록 정직하게 행하지만 때로는 바보 같은 취급을 당하기 일쑤이기도 하다. 그러나 어쩌랴. 그것이 일상이 되면 마귀의 유혹에 빠지게 되니 그럴 때마다 가슴이 떨린다.

범죄 중에 가장 죄질이 나쁜 죄는 간음죄이다. 예수님은 아름다운 여자를 보고 음욕을 품으면 간음했다고 말씀하셨다. 우리 사회가 간음죄를 법적으로 응징치 않고 용납한 것도 간음죄를 만연하게 만들었다. 사회적 범죄의 도가니로 만들어가고 있다. 사회에서는 물론 가장 정결해야 하는 교회 안에서 목사도 신자도 어느새 간음죄는 마귀의 손아귀에서 벗어나지 못한다. 너는 어떠냐고 묻는다면 나도 그렇다고 대답할 수밖에 없다. 아가페의 사랑을 하지 못한다면 이는 에로스로서 사랑으로 감정을 지닌 사람으로 흠모하는 사람을 보면 왜 인간적인 사랑함이 없단 말인가? 솔직히 나도 그렇다고 말하고 싶다. 그러므로 충분히 간음이 성립된다고 말할 수 있다. 성령의 사람은 그러한 범죄를 회개로 돌이키고 속히 하나님께로 돌아오는 것이 세상 사람과 다른 점이다.

가장 추악한 범죄는 동성애이다. 하나님이 가장 저주하는 죄악인 음란죄에 속한다. 세상이 벌써 이 음란죄에 빠져 하나님을 경배하기는커녕 악을 행하고 즐기는 인간의 마지막 모습을 보고 있는 것 같다. 사탄이 자기 시대가 마지막인 것을 알아 할 수만 있으면 믿는 자를 미혹하는 발악을 하는 것 같다. 성령으로 거듭나야 천국에 들어갈 수 있는 것은 예수님께서 우리에게 육신으로 살면 죄악에서 벗어날 수 없으니 영으로 자기 몸을 지키어 살고 죄악이 우리를 범하지 않도록 성령으로서 몸을 깨끗하게 하는 것에 있다. 그렇지 않으면 천국에 들어갈 수 없다. 이는 죄 있는 자는 천국에 들어갈 수가 없다는 말씀의 가장 근본이며 핵심으로 성령으로 거듭난 자만이 천국에 들어갈 수 있다는 말씀이다.

하나님과 소통의 관계

"항상 기뻐하라 범사에 감사하라 쉬지 말고 기도하라 이는 그리스도 예수 안에서 너희를 향하신 하나님의 뜻이니라" (데살로니가전서 5장 16절~18절) 하나님께서는 전능 전지하시고 무소 부재하시며 일거수일투족을 감찰하시고 우리의 앉고 일어섬을 아신다. 하나님은 우리의 삶을 주관하고 계신다. '우리는 항상 기뻐할 수가 있을까?' 하는 의문점과 '범사에 감사할 수 있게 되는 일이 얼마나 있겠느냐?'라는 질문을 자신에게 던져보기 일쑤이다. 믿지 않는 사람들도 이 말씀으로 질문하고 믿는 신자들을 아니 하나님을 질타하기도 한다. '전능하시고 전지하신 분이 우리가 할 수 없는 일을 하라고 명하시는 것이냐?'고 질문도 던진다. 물론 믿는 신자도 하나님께 수없이 질문을 하는데 그들이야 말할 것도 없겠다. 하나님을 믿지 않는 사람들에 대해서는 거론할 것도 없이 그들은 처음부터 하나님을 알지 못하는 자들이므로 불경한 자들과는 대화를 나눌 필요가 없다고 본다. 신자들은 하나님의 뜻을 살펴야 한다. 신자는 기도 없이 하나님의 뜻을 알 수 없다. 믿는다는 것은 먼저 하나님의 말씀을 깨달아야 하고 더불어 하나님께 기도할 때 비로소 믿어지는 감정이 생겨나고 믿고 싶은 생각을 가지게 되므로 믿음이 생기는 것이다. 기도하는 마음의 자세가 첫 번째가 되어야 한다. 우리 스스로는 할 수 없지만, 하나님의 말씀 안에 있는 사람은 할 수 있다. 무슨 일을 하기 전에 신자는 말씀에 순종하는 것이 우선순위이다. 성령께서 우리가 할 수 없는 그때 친히 우리를 도와주시므로 할 수 있도록 하시겠다는 것이 우리 믿는 자에게 성령을 선물로 주신다는 것의 약속이다. 우리 인간이 항상 기뻐할 수 없다는 것을 아시는 주님은 항상 기뻐하라고 명하셨다. 어떻게 항상 기뻐할 수 있는지 말씀하시고 계시면서 우리 믿는 자가 항상 기뻐하는 마음을 가질 수 있는 것은 쉬지 말고 기도하는 가운데서 가질 수 있고 하나님과의 대화를 통하여 지혜와 명철을 얻게 되고 그것을 통하여 하나님의 말씀에 대한 깨달음이 있게 되어 범사에 감사하는 생활하게 되는 원리이다. 그것이 믿음 안에서 이룰 수 있는 하나님의 축복이다. 항상 기뻐하는 것은 믿음과 순종으로 나타나는 축복이라는 것을 알아야 한다. 그래서 성령 안에서 믿는 모든 자는 하나님과 소통의 관계를 맺어야 할 것이다.

복있는 사람 (시편 1편 1~6절)

"복있는 사람은 악인들의 꾀를 따르지 아니하며 죄인들의 길에 서지 아니하며 오만한 자들의 자리에 앉아 아니하고(1절) 오직 여호와의 율법을 즐거워하여 그의 율법을 주야로 묵상하는도다(2절)". 우리는 모두 누구나 할 것 없이 복을 받기 원한다. 복이 있는 사람으로 믿는 사람은 좀 더 하나님의 축복을 받기 원하며 믿지 않는 사람은 세상의 복을 누려 부귀영화를 꿈꾼다. 이것은 모든 인간의 마음이다. 나는 여기에서 참된 복이 무엇인지 말하려고 한다. 영원히 변하지 않는 복이 참된 복이다. 시편 1편에 나타난 참된 복은 영원히 변하지 않고 또 영원히 누리는 복을 가리킨다. 첫째는 영적인 축복을 받아야 한다. 악인이란 무엇을 말하고 있는가? 세상에서 악한 일을 꾀하고 나쁜 일만 하는 사람들을 말하는 것보다 더 중요한 악인은 사탄의 지배를 받는 악인을 말한다. 그러므로 사탄의 미혹에 빠지게 되면 악한 자가 되어 죄인이 될 수밖에 없으므로 죄인들의 길로 갈 수밖에 없고 죄인이 되면 오만하여져서 스스로를 높여 하나님과 같이 되고자 한다. 사탄은 인간을 끊임없이 파괴하려고 하나님이 창조한 가장 걸작품인 인간을 자기의 종으로 삼아 하나님과 같이 되려고 획책했다. 그 사탄의 계획에 빠지지 말라는 것을 복 있는 사람의 조건을 먼저 말해주고 있다. 2절에서는 하나님의 말씀을 즐거워하여 그 말씀을 주야로 묵상하는 자라고 말씀하신다. 하나님의 말씀은 길이요 등불이며 영원히 변하지 않는 진리인 말씀이다. 믿음에 서 있는 사람은 하나님의 말씀을 묵상하며 순종하기 좋아하며 더욱 찬미의 제사를 드리는 자들이다.

"그는 시냇가에 심은 나무가 철을 따라 열매를 맺으며 그 잎사귀가 마르지 아니함 같으니 그가 하는 모든 일이 다 형통하리로다(3절) 악인들은 그렇지 아니함이여 오직 바람에 나는 겨와 같도다(4절) 그러므로 악인들은 심판을 견디지 못하며 죄인들이 의인들의 모임에 들지 못하리로다(5절) 무릇 의인들의 길은 여호와께서 인정하시나 악인들의 길은 망하리로다(6절)". 예수님을 믿는 신자들은 이 시편의 말씀을 대부분 암기하고 있다. 너무나 잘 알고 이해하고 있는 말씀이다마는 오늘날 교인들의 모습에서 '얼마만큼 이 축복의 자리에 나아갈까?' 하는 의문이 든다. 이 시대 교회의 현실에서 안타까운 마음을 금할 길이 없는 것은 나만이 아닐 것이다. 펜데믹 상황으로 교회가 문을 닫고 예배를 드릴 수 없는 지난 삼 년의 시간 동안에 왜 그렇게 교회가 황폐하게 무너져 버린 것이냐는 말이다. 교회에서 예배를 드리고 수많은 신자를 양성하고 부흥시킨 지가 어언 70년 그보다도 더 거슬러 올라가면 미국의 선교사가 와서 이 나라 백성들에게 복음을 가르쳐주고 암울한 우리 백성을 깨우쳐준 시기는 백 년 세월이 흘러 여기까지 이르고 우리 믿음의 선조들이 순교의 제물이 되어 일제 핍박의 시련도 견뎌 온 믿음의 신앙들을 어떻게 펜데믹 삼 년에 무너져 버리게 했는가 말이다. 누구의 책임인가? 나는 나의 삶에서 해답을 찾는다. 나에게 주어진 주님의 사명마저 버리고 경제적인 이유로 헌신짝처럼 저버린 나의 모습에서 이 시간 깊이 회개한다. 나의 가정은 신앙 가정으로 남편에게로 사 대째 내려온다. 그러나 자랑하지 못한다. 문제는 '얼마만큼 깨어 있는가?'가 핵심이다.. 그것을 묻고 싶다. 남편이 목회자요 아들이 목회자요 시누이 아들이 목회자요 남편의 가정 모두 일가친척 모두 목회자의 사람들이다. 그뿐이랴. 온통 교회의 장로와 권사요 집사요 교회의 중직을 맡은 가정이다. 내가 믿음이 연약할 때는 이러한 기독교 집안의 가정으로 결혼하게 된 것이 하나님께서 나의 기도 응답으로 주신 축복이라고 믿어 기뻐하였다. 물론 축복을 받은 것임은 틀림이 없다. 이러한 믿음의 가정 안에서 자녀들을 믿음으로 자라나게 하며 목회자의 길을 가게 할 수 있었던 것도 온 식구들이 신앙을 가지고 있어서 도움이 되었음을 부인할 수 없다. 그러나 그보다 주님의 특별한 섭리가 없었다면 게으르고 안일한 내가 이러한 일에 동참하기도 쉽지는 않으리라 생각한다. 나는 사람들 앞에 나서서 앞장서기 좋아하지 않는다. 다만 조용히 뒤에서 기도하고 협력하는 일을 좋아하는 스타일이다. 주님께서 그렇게 권면하고 말씀을 확연히 하시고 계시는데도 나는 게으름을 부려 지금 암투병하게 하시고 자신을 다시 한번 돌아보면서 깊은 회개의 시간을 가지게 하셨다. 잃어버린 나를 되찾고 기도의 사명이 얼마나 중요한 것인가를 다시 한번 깨닫게 되면서 나에게 주신 주님의 사랑을 간증하게 되었다. 모두 주님의 은혜이다. 주님께서 친히 하지 않으시면 아무도 주님 앞에 설 수가 없다. 나의 모습을 보면 그것을 깨달을 수가 있다. 성령을 받은 자는 성령의 열매를 맺어야 한다. 그 열매가 익기까지 시련도 고통도 익어가는 과정에서 반드시 찾아오는데 또 하나의 다른 축복이다. 나의 나 된 것은 주님의 은혜로 된 것임을 고백한다. 세상 만물을 만드신 하나님께서는 인간에게 가장 좋은 것을 주시며 축복하셨다. 생육하고 번성하고 지배하고 다스리는 엄청난 권세를 인간에게 주셨음을 우리는 모두 망각하고 살아간다. 우리가 매일 즐기고 기뻐할 수 있는 과일 나무 하나를 보더라도 그것들이 인간을 위하여 과일 나무가 소임을 다하지 않으면 우리 인생도 참담할 것이다. 보라 과일 나무가 열매를 맺어 익어 아름다운 색깔과 맛과 향기를 내기까지 얼마나 시련을 겪으면서 자라야 하고 비바람 폭풍을 견디어 내어서 열매가 떨어지지 않도록 힘을 다해 나무에 붙어 있어 과즙을 뿌리로부터 열심히 받아 자라야 향기롭고 아름답게 익어서 인간을 위해 뽐내며 영광을 돌릴 수 있듯이 튼튼하지 못한 열매는 추위와 폭풍에도 견디지 못하고 처음부터 맺기도 전에 떨어져 버려 쓸모없게 되어 버려져 아궁이 불에 태워진다는 뜻의 의미를 생각해야 할 것이다.

"성령의 열매는 사랑과 희락과 화평과 오래 참음과 자비와 양선과 충성과 온유와 절제니 이같은 것을 금지할 법이 없느니라"(갈라디아서 5장 22~26절). 성령은 하나님의 말씀과 기도로 믿음으로 말미암아 주시는 하나님의 선물이라고 하셨다. 예수 그리스도를 믿고 구세주로 믿어 예수님이 우리의 죄를 사하심을 믿는 믿음을 가진 자들에게 선물로 주시는 성령은 믿음을 굳게 하시고 죄를 알게 하시고 죄인은 심판받는 것과 말씀을 이해하고 깨달음을 주시는 분이다. 또한 항상 믿는 자에게 감동과 은혜를 주시고 하나님의 일을 하게 하도록 신자 각자에게 은사를 통하여 하나님 나라의 공동체로 통일되게 하시는 분이시다. 성령의 열매를 맺기 위해서는 때로는 고통과 핍박이 찾아오는 것을 감사함으로 받으면서 보다 성숙하기 위하여 자라가야 하고 견디고 인내하므로 우리 속에 있는 죄악들을 회개하여 우리 자신이 깨끗하게 성화 되어 가야 한다. 이러한 성화의 모습을 가지지 않는 한 거룩한 처녀가 되어 주님의 신부로 들어갈 수가 없다. 거룩한 처녀는 주님의 등불을 들고 기름을 준비한 지혜로운 처녀를 말한다. 등불이라 함은 주님의 말씀이며 기름은 성령을 받은 것을 뜻한다. 다시 말해서 성령으로 거듭나지 않으면 하나님 나라에 들어갈 수가 없으며 성령으로 거듭난 사람은 성령의 열매를 맺기 위하여 고통도 시련도 인내하며 우리의 모습이 성화 되어 가야 한다는 것을 의미한다. 나는 어느 날 설교하는 가운데 신자로서 천국에 갈 수가 없고, 성자라야 갈 수 있다고 하였더니 예수님은 성자이니 우리는 성자는 될 수가 없고, 신자라야 한다고 반박하는 신자가 있어 다시 거듭 말하고 싶다. 예수님은 성자가 아니라 이 땅에 우리 죄를 사하기 위하여 육신을 입고 오신 참 하나님이시며 죄 없으신 참 인간이시다. 예수님을 성자라고 부르는 것은 세상 사람들이 부르는 존칭일 뿐 예수님은 성자는 될 수가 없다. 예수님을 믿는 신자라도 성화 되어진 사람을 성자라고 부른다. 성자는 그리스도로부터 나와서 그리스로 인하여 그리스도에게까지 성화 되어진 사람을 말한다. 예수님의 거룩한 신부가 되는 것은 주님의 뜻을 따라 순종하는 사람이다. 나의 뜻과 나에 대한 계획은 예수님 십자가 앞에 내려놓아야 한다. 그래서 나의 정과 욕심을 십자가에 못 박음으로 말미암아 예수님과 함께 죽고 예수님과 함께 사는 것이다. 이것이 성령으로 거듭나는 삶이며 새사람이 되는 것이다. 예수님은 신자로서만 살아가기를 원하지 않으신다. 지혜로운 처녀와 미련한 처녀의 비유를 생각해 보라! 지혜로운 처녀는 주님의 결혼 잔치에 들어가기에 합당한 준비를 했고 미련한 처녀는 그렇게 하지 못했다. 이 비유하는 말씀은 오늘 우리 믿는 자가 교회 안에서 믿노라 하고 안주하는 삶을 살 때 미련한 처녀와 같아진다는 의미이다. 그러므로 교인으로서만 살아가게 되면 성령의 사람이 아니라 율법자가 아니면 윤리와 도덕으로만 살아가는 자가 된다. 신자로서 성화 되어가는 성숙된 자가 되어야 한다. 성화와 신앙의 성숙을 위해 열심을 다해 보다 더 예수님의 향기를 나타내지 않는다면 예수님이 기뻐하실 수 없다. 우리에게 많은 시간을 주시고 기다리고 계신 주님이 얼마나 실망하실까 생각하면 나의 무례함이 또 미치지 않았는지 자신을 돌아보고 있다. 성령의 열매를 맺기 위해서는 율법주의로 살아서는 열매를 맺을 수가 없다. 교회가 윤리나 도덕주의로 경향으로 갈 때 성령을 알게도 하지 않는 교회와 목회자가 되어서는 안 된다. 모든 믿는 자들 하나님의 자녀들이 천국에 오기를 고대하는 주님께서는 "모든 성경은 하나님의 감동으로 된 것으로 교훈과 책망과 바르게 함과 의로 교육하기에 유익하니"(디모데후서 3:16), 성경에 대하여 말씀하시고 계시는데 오늘날 교회는 기쁨과 즐거움과 행복한 마음을 가지도록 축복의 환상을 가지도록 가르치고 있는 자유주의적 접근인 기복적인 사상에서 벗어나야 한다. 언제부터 교회는 교인들에게 책망하기를 주저하거나 아예 하지 못하고 오히려 죄에 대하여 잘못을 책망하지 않으므로 회개하지 않게 되어 죄가 무엇인지 깨닫지 못하는 어리석은 교인들을 양산해 왔다. 결과적으로 교회는 세상 일과 교회의 일을 분별하지 못하여 교인들의 타락을 불러오고 교회의 변질을 초래했다. 오늘날 교회에서 죄에 대하여 가르치지 않는 것은 성령으로 거듭나지 않는 사람들로 넘쳐나 심판에 이르게 될 것이다. "성령이 오시면 죄에 대하여 의에 대하여 심판에 대하여 세상을 책망하시리라 죄에 대하여라 함은 저희가 나를 믿지 아니함이요 의에 대하여 함은 내가 아버지께로 가니 너희가 다시 나를 보지 못함이요 심판에 대하여 라 함은 이 세상 임금이 심판을 받았음이니라"(요한복음 16장 5~13절). 예수님을 믿지 않는 것이 죄인데 예수님을 믿지 않는 죄를 가지고는 심판을 받는 결과를 초래한다. 많은 사람이 교회에 와서 교인으로만 축복받고 살고 싶은 것이지 예수님에 대하여는 지식으로만 알고 만족하려고만 하여 예수님과는 전혀 상관없는 믿지 않는 사람들이 교인의 자리에 있는 것은 아닌가? 교회에 나와서 올바른 말씀을 배우지 않아 결국 지옥으로 가게 만드는 선생이 되어서는 안 된다는 것을 명심해야 할 것이다. 주님의 말씀을 바르게 가르치다가 회개를 강조하여 욕을 먹고 교회에서 쫓겨나는 목회자도 있는 것이 사실이다. 그렇다고 가르치지 않고 자기의 유익을 일삼아 목회자의 유익과 직업 의식으로만 숫자만 불린 교회로 성장한들 주님의 칭찬이 있을 것인가? 세상 사람들에게 성공한 목회자의 위상을 떨쳐 대접받는 목회자들 혹은 교인이 되어서는 안 된다. 궁극적으로 하나님보다 자신이 높아진 명예로운 목회자가 되면 자신이 우상화될 수 있다. 잘못된 가르침으로 자신도 망하고 그 가르침을 받는 교인들도 망하고 결과적으로 교회의 가르침을 믿지 않는 결과를 가져온다. 오늘날 교회가 망가지는 그 모델이 바로 대형교회에 나타나고 있다. 무너지는 오늘날의 부패한 이 엄청난 사실은 이단들이 교회를 얕잡아 보아 교인들을 미혹하여 가정이 파괴되는 모순된 신앙을 보며 흡사 목회자가 신자를 지옥으로 끌고 가고 있는 모습을 보고 있는 것 같아 마음 아프다. 오늘날 교회에 인본주의가 만연하여 세상의 쾌락을 찾고 그나마 도덕과 윤리마저도 사라지는 시대에 살고 있다. 낙태, 동성애가 들어와서 주님의 탄식 소리가 들린다. "내가 올 때 믿는 자를 보겠느냐." 세상 마지막 날의 될 일들을 탄식하신 것이다. 코로나바이러스로 인하여 펜데믹이 만연하여 세상이 갈라지고 사람들의 모임이 중단되어 교회의 예배가 중단된 것들을 경험하였지만 하나님께서 이러한 일들을 허락지 아니하시면 이 일은 일어나지 않았을 것이다. 이 일이 전 세계 인류를 향하여 내리신 것은 이를 통하여 알곡과 쭉정이를 찾으시려는 하나님의 뜻도 함께 포함되어 있다. 이러한 고통을 통하여 믿는 자의 참된 신앙을 더욱 견고하게 하려 하심도 고난을 통하여 신앙이 성숙하게 하시는 하나님의 은혜의 일 것이다. 그러므로 핑계하지 못할 것이다. 열매를 맺기까지 비바람과 혹독한 추위와 병충해를 끝까지 이겨 내어야 한다. 지금은 교회가 무너지는 현실 앞에서 전도하는 자의 전도가 헛되지 않기를 바라는 마음으로 기도에 힘쓸 때이다. 목사님과 장로님들이 교회의 문제들을 위하여 솔선수범하여 우리 주님이 지신 십자가를 나의 십자가라 생각하여 겸허히 받는 자가 된다면 아무리 어려운 문제들 그리고 분쟁들이라도 사라질 것이다. 더 이상 교회 안에서 교인들과 직분자들이 영원한 지옥 불 못에 들어가는 어리석은 일들을 보게 할 수는 없다. 교회의 첫째 사명도 둘째, 셋째도 최우선적인 가르침은 내세에 대한 것을 알게 하고 가르치는 것이 중심에 있어야 한다. '왜 믿어야 하느냐?'는 것은 성경이 창세기 첫 장부터 하나님을 알게 하며 그분이 창조주이심을, 인간을 만드시고 가장 사랑하셨음을, 그냥 동물처럼 만드신 것이 아니라 영적인 사람으로 하나님을 섬기게 하기 위하여 인간에게는 하나님을 경배하기 위하여 영혼을 주셨다는 것을 알게 하셨는데 그래서 하나님의 자녀로서 믿음을 가지도록 처음부터 깨우쳐 주시고 계셨다. 그런데 교회에서 영혼에 대하여 가르치지 않고 영혼 속에 계신 성령을 알게 하지 않고서 어찌 하나님을 섬기며 경배할 것인가? 또 하나님을 알고 경건의 모양은 있으나 경건치 않은 가식된 모습으로 교회 생활을 하는 것은 아닌지 돌아볼 때가 아닌가 싶다. 우리가 섬기는 하나님을 나의 축복의 조건부 하나님으로서의 존재가 아니라는 것을 깨닫고 깊이 회개하고 우리에게 찾아오신 하나님을 진심으로 경배할 수 있어야 한다. 먼저 성령이 우리에게 오셔서 우리를 인도하신다는 것을 믿고 의지할 수 있어야 한다.

성령을 사모하는 것을 박대하는 교회마다 마귀의 놀음 장소가 되어 분쟁이 끊임없이 일어나게 되고 결국 교인을 지옥으로 끌고 가는 형국이 되고 있음을 우리는 지금껏 보아 왔다. 하나의 예를 들자면 나의 친정어머니께서 처음에는 교회를 다녔다고 하셨다. 그런데 교회에서 목사와 장로가 싸움하는 것을 보고 상처받고 다시는 교회에 나가기를 거절하셨다. 하나님을 섬기고 경배하는 교회가 그런 모습이라면 배울 것이 없으니 교회에 가지 않겠다고 하셨다. 내가 돌아가시는 날까지 어머니와 싸우면서까지 하며 예수님을 전했는데도 결국 불교에 심취하심을 보았다. 사람은 반드시 의지할 신이 필요한 것을 안다. 그래서 우상 앞에 절을 하고 복을 빌며 종교가 난무하게 된 것은 인간은 약하기 때문이다. 하나님을 바로 알고 섬기는 것을 알되 지식일 뿐이면 아무런 소용이 없다. 하나님은 인간에게 왜 영혼을 주셨나 하면 그 영혼 안에서 하나님께서 우리와 함께하시고 우리와 서로 사랑하기를 원하시며 하나님의 뜻을 이루시기를 원하시므로 영혼에 계시는 하나님의 영이신 성령을 거역하고 하나님을 섬길 수 없는 것이다. 열심을 내어 전도하여 교회에 와서 가르침을 받고 세례를 받고 새 사람으로 거듭나서 신자가 되는 과정을 거쳐 직분자가 되어 서로 다투고 싸움하고 서로를 비방하고 험담하는 일을 하는 교회의 모습을 지속한다면 우리는 고통당하는 영혼이 될 수밖에 없고 예수님의 십자가는 헛될 수밖에 없어 예수님을 다시 십자가에 못 박는 죄악을 저지르게 된다. 어느 교회에서 장로님과 목사님과의 분쟁으로 장로님이 자살하셨다는 소식이 있었다. 너무 놀라워 할 말을 잃었었다. 세상 사람들의 조롱거리로 만들고도 회개 없이 버젓이 교회는 잘 운영되고 있다는 것은 모든 믿는 자의 가슴 속에서 상처가 되어 남게 될 것이다. 장로의 직분자가 되기까지 어떻게 배웠기에 아무리 교회의 험악한 일을 보더라도 적어도 장로의 직분자라면 타의 모범이 되어야 할 텐데 대접만 받기를 원했던 것인가? 아무리 분통이 터지는 일을 당하여도 예수님의 십자가를 생각하면 어떻게 자살이라는 일을 단행하느냐 말이다. 자기의 영혼이 영원히 고통당하는 지옥 불에 들어가는 것보다 현재의 잠시 있는 고통을 참았더라면 훨씬 더 자신의 신앙이 성숙해질 수 있는 계기가 되었을 것이다. 주님께서 우리 죄를 위하여 지신 십자가는 우리가 당하는 고통과 감히 비교할 수 있는 것이 아니다. 우리에게는 각자 자기의 십자가가 있다는 것을 기억해야 한다. 신자로 살아가면서 주님의 십자가를 외면하면 주님을 만날 수가 없다. 주님께서 우리 각자에게 주신 십자가를 가지고 우리 삶을 주님께 맡겨야 비로소 우리는 주님의 일을 완수했다고 볼 수 있다. 교회의 말씀 치리가 잘못 가르친 결과도 있겠지만 교회의 분열은 금전 문제가 복잡하든지 아니면 목회자의 탐심이 나쁜 결과의 단초가 될 때가 많다. 나는 교회의 세습을 좋게 보지 않는다. 세습을 정당화하는 교회는 대형교회로 차라리 세습보다는 개척 교회를 지원하므로 확장해 나가는 방법이 가장 모범적인 교회일 것이다. 그렇게 된다면 교회 안에서 신자들이 신음 소리를 더 내지 않을 것이라고 생각한다. 많은 목회자들 가운데 성령으로 거듭나지 않고 인간적인 방법으로 목회를 하는 것을 나는 보았다. 그러한 목회자들의 잘못된 가르침과 신자들의 치리가 신본주의이기보다는 인본주의적 방법으로 사역을 하게 되고 결국 교회가 부흥되면 문제가 발생해 싸움이 일어나고 교회가 분열하게 된다. 성령께서 이끄시는 교회는 부흥이 일어날수록 뜨거워지고 단결되는 역사가 나타나는 것을 나는 보았다. 우리 직분자가 먼저 자기의 십자가를 지고 욕심과 탐심을 십자가에 못 박아 예수님과 함께하는 삶을 실천하여 성령의 인도하심으로 자신의 삶을 전적으로 진실하게 주님께 드리는 삶을 살아야만 한다.

나는 천국에서 주님의 못 자국 난 손목을 보았고 천사들의 소리 들었다. 아름답고 오색 찬란한 빛으로 응답하신 하나님은 성소에서 기쁨을 나타내셨으며 주님은 나에게 지옥문을 여시고 그 고통 받는 자들을 보이시고 나가서 나의 복음을 전하여 아무도 이 지옥으로 오지 않도록 하라고 하신 당부를, 이 미련한 자는 무얼 하고 이제야 전하는지 주님께 용서를 구하며 이 글을 쓴다. 이 글을 읽는 모든 자들과 특히 교회의 신자들이 신자로서만 만족하지 말고 성숙 되고 성화된 모습으로 자기에게 주어진 십자가를 짊어지길 바란다. 십자가는 고통이 따르게 마련이지만 이 고통은 주님과 함께라면 언제나 승리의 기쁨으로 바꿀 수가 있다. 성도들이여! 신자들이여! 교회 안에서 살면서 성령을 따라 살아 주님이 계시는 아름답고 찬란한 천국으로 가시기를 예수님 이름으로 기도하며 소원합니다. 아멘

에필로그

주님 사랑합니다

세상의 모든 것이 은혜의 선물이었습니다.
살아 있다는 감격이 내 속에 있어서
날마다 감사할 수밖에 없었습니다.

가진 것이 보잘것없어서
풍성하지 못한 빈손으로
돌아와 발 앞에 엎드렸습니다.

마음으로라도 드릴 수 있는 것도
쑥스러워 표현하지도 못하고
혼자서 중얼거리고 있었습니다.

언제부터 조그맣게 용기를 내어
얼굴을 붉히며 고백하기까지에는
꽤 오랜 시간이 걸렸습니다.

세월만큼 귀한 것이 없는 데도
자꾸만 내일로 미루는 미련함을
회개하고 당당히 입술을 열었습니다.

당신을 사랑합니다.
내가 당신을 사랑한 것은
나로 사랑하게 하셨으니
나의 사랑은 당신의 것입니다.

사랑의 십자가

지은이 김정은
발행인 최요한
발행처 명동출판사
발행일 2022년 10월 31일
등록일 2018. 06. 29
주　소 서울시 중구 퇴계로 134, 402호(계림빌딩)
전　화 010-3767-0347
ISBN 979-11-980589-0-4

정가 12,000원

편집 디자인 현대기획 (02-722-8989)

※ 잘못 만들어진 책은 교환해 드립니다.